青色极简史

包岩 ——— 著

中国出版集团

现代出版社

图书在版编目（CIP）数据

青色极简史 / 包岩著 . -- 北京：现代出版社，2022.4
ISBN 978-7-5143-9624-9

Ⅰ . ①青… Ⅱ. ①包… Ⅲ. ①中华文化－文化史 Ⅳ . ① K203

中国版本图书馆 CIP 数据核字 (2021) 第 222488 号

青色极简史

作　　者：包　岩
责任编辑：张　霆　谢　惠
出版发行：现代出版社
通信地址：北京市安定门外安华里 504 号
邮政编码：100011
电　　话：010-64267325　64245264（传真）
网　　址：www.1980xd.com
电子邮箱：xiandai@vip.sina.com
印　　刷：北京瑞禾彩色印刷有限公司

开　　本：880mm×1230mm　1/32
印　　张：8　　　　　　　字　　数：170 千
版　　次：2022 年 4 月第 1 版　　印　　次：2022 年 4 月第 1 次印刷
书　　号：ISBN 978-7-5143-9624-9
定　　价：98.00 元

目 录

导论

青色，解读中华传统文化的颜色密码

颜色的文化寓意与一个民族的文明发展息息相关。不同的颜色，其丰富的寓意和奇妙的含义变迁，往往折射了这个民族在精神与物质多个领域的变迁。

无论是西方人还是我们中国人，都形成了当代中国是"红色"中国的共识。红色的确是中国的一种特征色，也是中国的国旗色。红色充满活力，尤其是在近现代历史中被赋予了理想、革命、热血、辉煌等寓意。红色是一种令人振奋的颜色，很好地代表了中国共产党领导下的走向伟大复兴的当代中国。然而，当回溯几千年中华文明历程时，我们不会忽视一个更为丰富的色彩世界，我们也会被另一种非常重要的颜色所深深吸引，那就是青色。

青色是这样一种颜色：它历史悠久、内涵丰厚、包容性强、融合多元文化；它被中国的主流思想儒释道深深浸润过，亦能够引发人们的联想去呼应这些思想的主要含义；它表义灵活，在中国的汉语中与其他字词广泛结合，占有重要的一席之地且万变不离其宗；它在中国古代很长历史时期内成为人们生产生活中最常见的颜色；它影响了中国古代社会的各个阶层、各个角落，且常常被赋予特殊意义。综上种种，也许没有一种颜色能比青色更适合用以解读中华传统文化，甚至可以说青色就是解读中华传统文化的颜色密码。

在中国，没有哪一种颜色比青色的覆盖面更为广泛，文化寓意更为丰富、复杂；没有哪一种颜色比青色的历史文化变迁更为腾挪跌宕。了解中国的青色，是了解东方文明和中国式审美的重要途径。

一、青色，是解读中华传统文化的颜色密码

在不同的国家和民族，属于人们的文化记忆是不同的，对颜色的文化记忆也自然千差万别。法国的历史学家米歇尔·帕斯图罗（Michel Pastoureau）在他的色彩历史学著作《色彩列传：蓝色》里这样写道："颜色的问题首先并永远是社会问题，因为人类并非离群索居，而是生活在社会之中。如果没有意识到这一点，我们会陷入狭隘的神经生物学理论或是危险的唯科学主义，所有试图构建色彩史的努力也将付诸东流。"[1]

米歇尔·帕斯图罗还说，历史学家研究色彩需要肩负两层任务：一是必须着力去探究在我们之前的社会里颜色所处的环境，

---

[1] [法] 米歇尔·帕斯图罗：《色彩列传：蓝色》，陶然译，生活·读书·新知三联书店，2016年，第4页。

以及组成这个环境的所有要素，包括命名的词汇与行为、颜料、染色技术、艺术作品、服饰体系及含义、官方法规、宗教影响等；二是历史学家还需要特别关注某一种特定的文化，对语言随着时间发展而产生的变化，对所有在历史上可以观察到的对颜色各方面都产生影响的要素进行研究，包括颜色在生产生活中的应用，颜色的变迁、消亡、创新、融合等等。[1]

中国的青色正是这样一种吸纳了各种环境要素并不断产生寓意变迁的色彩，是可以使人们联想到中华文明特色的特殊颜色：它反映兼容并包的民族特性，折射以儒释道为主流的中国哲学，展现含蓄、坚韧而不张扬的国民性格；它可以反映从朴素到华丽的宽广审美尺度，也可以引发从轻灵到沉稳的视觉感受，因为它不是一种单一的色彩，而是一种杂糅的颜色，有时融合了明丽的黄，有时融合了热烈的红，有时偏绿，有时偏蓝，有时偏紫，有时呈现出暗黑的苍青色。

在国家治理、生产生活、宗教主张、艺术创作的方方面面都有青色的影子。因此，当我们研究青色时，不只是要研究青色的色谱构成、绘画颜料的来源，更需要结合社会学、心理学、语言学、哲学、政治、经济、宗教与艺术来综合探索，而越探索就越能发现青色文化寓意的博大精深。

因此，或许可以得出初步的判断，青色就是解读中华传统文化的颜色密码。

---

[1] [法] 米歇尔·帕斯图罗：《色彩列传：蓝色》，陶然译，生活·读书·新知三联书店，2016年，第4页。

二、青色，是中华文化的重要色彩符号

科学意义上的颜色和文化意义上的颜色有相同之处，亦有显著差别。文化意义上的颜色更为复杂，指向更为模糊。当色彩被印上了社会文化形态的痕迹，被赋予了人类特有的思想情感，它就成为一种文化符号。

中世纪的基督教思想家奥古斯丁（Saint Aurelius Augustinus）对符号给出了一个定义："符号是这样一种东西，它会让我们想到这个东西的直观印象之外的某种东西。"也就是说，符号是代表某一事物的另外一种象征意义。

中医以望闻问切来看病，正是通过对病人的脸色、舌色、眼神、脉象等的直观印象来判断其人的五脏六腑哪里有病变，这不能不说就是通过提炼和研究符号进而对共性进行的判断。公元前5世纪—公元前4世纪的古希腊医学家希波克拉底（Hippocrates）就是把症候当作符号，这位医生一直被认为是欧洲的"符号学之父"。

后来，哲学家们有许多与符号相关的解读。德国哲学家康德虽然没有提及符号学，但在《纯粹理性批判》中提出过"纯粹知性概念的图型法"，指出"每当把一个对象归摄到一个概念之下的时候，对象的表象都必须和这概念是同质的"。康德举了盘子与圆的例子，这对于我们理解什么是符号大有裨益。他说，"一个盘子的经验性概念和一个圆的纯几何学概念具有同质性，因为在圆中所思维的圆形是可以在盘子中直观到的"。一个表象（盘子）和一个概念（圆），这是个最为简单的具有同质性的关联。

当然，这只是一个直观的现象与一个抽象的概念之间的关联。

如果是一个范畴（如某种因果关系），而不只是一个简单的概念（如"圆"），那又将如何与现象产生关联呢？毕竟，你无法轻易地从一个直观的现象当中去立刻找到与某种范畴的同质关系。康德说，这其中还必须有一个第三者，它一方面与范畴同质，另一方面与现象同质，并使范畴应用于现象之上成为可能。这个中介的表象必须是纯粹的，一方面是智性的，另一方面是感性的，而这样的一种表象就是先验的"图型"。可见，康德所提到的这种先验的"图型"就是一种符号。

在康德之前的哲学家们，他们并没有专门论及过色彩符号。卡西尔（Ernst Cassirer，1874—1945）是在康德出生之后一百五十年诞生的又一位德国哲学家，正是他拓展了符号学，使我们终于可以更清晰地看到色彩也是一种符号。

卡西尔说："人和动物都有感受器系统和效应系统，这是共同的，但是人还有第三套系统，即符号系统，这是动物所没有的。"也就是说，卡西尔认为，人是符号的动物。这里的符号的基本特点有两点：一是具有直观性，是感性的；二是具有普遍性，代表一定的意义和普遍的形式。也就是说，符号能把具体的物象材料抽象化并使其有所指代。色彩同时具备了成为符号的两个基本特点，既直观感性，又可以代表丰富的意义。

美国人苏珊·朗格（Susanne K. Langer）认为，符号表达的本质是一种意合概念的生成。艺术符号能够为人类情感、主观经验以及内在生活中的各类特征赋予某种相应的形式。色彩符号正是这样的艺术符号。

那么，色彩符号是怎样形成并开始为人类工作的呢？

在人类对物象形成直观的色觉之后，然后会对这种色彩产生一种心理层面的意义，这种意义是非常个性化的，与观者本人的经历、环境、文化密切相关。五代时期的词人牛希济《生查子》中有"记得绿罗裙，处处怜芳草"句，由于词人的情感对象是位穿绿罗裙的姑娘，两人分别在即，再三叮嘱，从绿色裙子想到草色，从草色又想到绿裙，天涯茫茫，切莫相忘。这种关于绿色的联想是词人的个人经验所致，而绿色对别人来讲并不能产生绿罗裙的联想，这时的绿色还不是一个符号。但是，在"红灯停，绿灯行"中，"红"和"绿"用在交通信号灯上，代表了普遍的意义，就成了符号。

因而，色彩符号的这一层语义必须由个人联想，再经过群体化认同后，发展成为一种人所共知的社会概念，继而才能形成可以广泛传播的色彩文化。[1]

青色正是在悠久的历史变迁中逐渐成为一种符号的，这个符号的指义在不断地变化，并随着时间的推进从一种共识走向另一种共识。青色从最初的象征天空、东方、草木、春日这样有着勃勃生机的阳刚之色，到帝后春祭礼服之色、婚服之色，再到后来成为庶民之色、僧道之色，以及在戏剧中成为具有传统美德但命运坎坷的妇女的衣着用色，在道家的心目中成为朴拙的象征……可以说，青色文化寓意的转变本身就是中华文化变迁史的一部分。

本书从色彩文化的角度出发，对青色为什么成为中华文化

[1] 张康夫：《色彩文化学》，浙江大学出版社，2017年，第23页。

的颜色符号尝试解读，对其文化寓意及其变迁进行探究，并提出了关于青色文化寓意变迁的四大要点：

一是礼制下的审美。青色发乎五行，处正色之尊，两千年来礼制色彩观成为主流，将包含青色在内的诸多颜色均以"尊卑"来定义，这也是青色文化寓意出现变化的根源和基础。

二是精神升华。在儒释道和魏晋玄学的共同推动下，青色的寓意越发抽象化，直至升华为中国文人风骨的象征。同时，儒释道三家都在中国文人的精神世界特别是审美心理上打下了鲜明的烙印。

三是应用世俗化。青色的文化寓意从表面上看似乎是尊卑之变，实际上是在经历着一个"顺应天时"到"合乎民用"的变化过程。正是青色世俗化的广泛应用，才引发了大众审美心理的变化。

四是特性永续。青色的物理特性与中国人的生理反应、文化习惯，可能将让"青"永远以"温和""冷静""内敛"的寓意存在于国人的日常生活和感受中。

三、研究色彩文化的意义

普通人对于色彩的概念，其实仅限于某些特定的景物，如草是绿的，花是红的、黄的等。其实，关于色彩到底是什么，我们的认知一直在更新。

在科学家看来，颜色是用棱镜分离出来的人们肉眼可见的波长在400—700nm之间的电磁波。不过，这种认知是人类进入17世纪之后的事，而牛顿是做出这一颜色科学实验的开拓者。

在文学家看来，颜色不是物质而是属性，属性是不断变化的；

但在语言学范畴内研究颜色词语会遇到很大困难，这是语言本身变化所引发的。诗人歌德的《颜色论》提出了这个问题，并引发了思考。

在哲学家看来，颜色具有相对性，一种颜色如果脱离另一种颜色存在则毫无意义。其中，奥地利哲学家维特根斯坦（Ludwig Josef Johann Wittgenstein）为探究这种联系做出了不懈努力。

在人类学家看来，对颜色的分类源于人类对动物、植物、季节、方向等的归纳和分类，最终为颜色赋予意义。美国人类学家马歇尔·萨林斯（Marshall Sahlins）道出了人类学的观点："颜色就是符号。在世界各地的各种社会关系中，颜色无论是作为词汇，还是作为具体事务，都是一种标志：通过有意味的形式，将个人和团体、物体和环境，有区别地融合在文化秩序当中。"[1]

心理学、社会学、历史学家们也参与了关于颜色的长达几个世纪的大讨论，颜色与文化的紧密融合逐渐形成了一个学科，以至于在现当代的美育教育中色彩文化学具备了成为专门学科的基础。

中国古代鲜有关于颜色的系统性论述，只有零零散散见于一些画论，只言片语，未成系统。在国际上，关于色彩文化的研究作品是非常丰富的，但是相对来说中国当代的色彩文化研究在国际学术舞台上声音较小。同时，在许多研究色彩的国际学者的著作中，很难看到关于中国的色彩部分，即便有也是小小的一节或者一篇文章，这一点与中国的文化大国地位十分不匹配。

---

[1]［美］马歇尔·萨林斯：《颜色与文化》（ Colour and Cultures ）, Simiotica, 1976 年第 16 期，第 3 页。转引自［英］汪涛：《颜色与祭祀：中国古代文化中颜色涵义探幽》，郅晓娜译，上海古籍出版社，2013 年，第 7 页。

在日本人城一夫编写的《色的知识》一书中，色彩的收集极为丰富，但是关于中国色彩的部分也只区区两页草草了事。其中，关于中国的青色举例只有一种，那就是来自于景德镇青花瓷上的青色。在其书后附加的"色彩科学及其文化历史年表"里，作者从法国出土的三万五千年前的赭石开始写起，一直写到 2010 年《阿凡达》3D 电影的人物颜色，收集了欧洲人、埃及人、印度人、美国人，直至南美洲的一些小国关于色彩材料、色彩理论、色彩科学、色彩文化研究及色彩的新应用。然而，就是在这样一份记录世界色彩大事的纪年表里，只有一条和中国的色彩应用有关，那就是 1998 年张艺谋导演的《大红灯笼高高挂》的色彩应用。

是中国人较晚使用颜料吗？还是缺乏关于色彩的重要文献记录？当然不是。在"2020 年度全国十大考古新发现"之一的浙江宁波余姚井头山遗址中，人们发现了比河姆渡文化遗址还要早一千年的新石器时代的贝丘遗址。在这距今约八千年的贝丘遗址中，发现了具有花纹装饰的彩陶盆和木质的漆器。由此可见，那时候我们的先祖就已经在使用色彩作为装饰。另外，从河姆渡文化遗址、殷墟考古到秦汉唐宋元明清等历朝历代都有关于色彩应用的证据，留下了大量色彩信息以及关于颜料、染料的制造技术等的相关文字。

或者，是中国没有人在从事色彩研究吗？当然也不是。近些年，我国学者对色彩研究也有了较大发展。例如，1982 年中国流行色协会成立，对色彩研究的推动很大；2004 年开始举办"色彩中国"等系列活动，并代表中国参加世界流行色协会的活动；中国的一些大学也在开设课程，国内关于色彩研究的著作日益增多。

那么，为什么在国际色彩舞台上仍然较少看到中国的痕迹，较少听到中国的声音呢？

归根结底，中国色彩文化的系统梳理、深入挖掘还不够，色彩文化的国内外传播还不够。中国社会没有形成一种共识，没有认识到"色彩符号"与中国的经济实力、政治影响力、文化影响力之间的重要关系，没有重视"色彩文化"的国际传播对提升民族文化自豪感、自信心以及树立中国文化大国形象的关系。在世界流行色协会，话语权基本归属于英、法、德。

色彩是不需要文字的语言。色彩与人类社会的关联既直观又抽象，就如同音乐一样是可以超越国界而被人欣赏的。色彩还可以与任何领域结合，服装箱包、珠宝首饰、工业设计、标识制作、建筑设计、绘画作品、电影电视、剧场舞台等，无不以色彩作为其重要的展现元素。因此，写作《青色极简史》这本书是希望能抛砖引玉，引起更多人来研究和重视色彩的文化符号作用，逐步增强中国色彩的国际话语权。

正因如此，本书虽然也少量涉及前人的色彩科学研究成果，但更多关注的是色彩文化，而不是色彩科学。因此，《青色极简史》是一本研究青色色彩文化的图书。

我想到歌德1810年出版《颜色论》的命运——歌德在《颜色论》当中对颜色的物理属性和化学属性方面有所涉及，但是作为一位诗人，该书的科技含量显然无法与同时期的其他颜色类书籍媲美，因而引发了激烈的批评。同时，哲学家们和科学家们也曾以回避或者沉默的方式表达了他们对该书的轻蔑。有评论认为，歌德应当以诗人的优异直觉去为颜色构建一个强大的人类学空间，而不是寄希望于完成学者的使命并被认可为学者。[1] 尽管如此，歌德的《颜色论》出版仍然开了先河，引发了一大批学者（历史学家、人类学家、社会学家）对颜色文化的深度研究，或许这也是他出版《颜色论》的客观意义之一。

伟大如歌德尚且遭到如此的争议，以至于我在下笔写作这本书的过程中始终在"做与不做"之间徘徊，内心是惶恐的。我也尝试写诗，诗的直觉和浓烈的兴趣让我试图探索这些问题的答案并跃跃欲试、孜孜以求，但是颜色所涉及的物理学、历史学、人类学、心理学、语言学、宗教、哲学、美学、艺术理论方面的知识是如此的广博，以至于我难以贯通把握。在这本小书中，我只把自己的学习笔记和学习心得展现出来，并做些初步的梳理和探究，希望能为中国色彩文化深度研究提供一点材料、增添一点砖瓦。

四、研究青色文化的目的

在色彩研究的背后，是物理学、生理学、文学、艺术、哲学、宗教等学科的广泛支撑。

首先，研究色彩，尤其是研究青色这种在中国具有独特性的色彩，有利于寻找这种颜色与中国传统民族心理的重要关联，有利于深入了解中国的文化传统。因此，希望本书的分享有助于国人了解青色被赋予了哪些政治、哲学、伦理、宗教的特殊含义。

---

[1] [法] 米歇尔·帕斯图罗：《色彩列传：蓝色》，陶然译，生活·读书·新知三联书店，2016年，第154页。

其次，传统色彩的历史演变包含着富有人性的运行逻辑，具有世俗化、实用性的一面，而青色的演变本身又特别具有典型性。研究青色的文化寓意，有利于艺术创作者能更加精确地把握艺术创作和产品设计的定位精准度，在中国的艺术创造和产品设计上可以展现中国元素的独特性。

最后，比较中西方颜色的文化内涵，亦可以增强国际间的深入理解和深度沟通。例如，同样是青色，在法国和中国就具有不同的文化寓意。中国的颜色学说与西方的色彩学说相比具有独特的历史文化特色，而色彩在国际传播中几乎应用于所有领域，是最为直观的视觉呈现。艺术具有民族性，但是艺术语言却是无国界的。因此，希望本书的研究有助于国际社会了解中国青色的丰富性、复合性，从而对中国文化的独特性给予理解和尊重。

五、本书的架构

米歇尔·帕斯图罗在写作《色彩列传：蓝色》的时候，将法国历史上的蓝色分成了四个发展阶段——蓝色的起源、11—14 世纪蓝色的地位提升、15—17 世纪蓝色成为道德之色、18—20 世纪蓝色成为法国人的钟爱之色，结构简单明了。

本书则是简写颜料、染料的发展历史，主要关注青色的丰富命名，青色服饰及器物的演变历程，带"青"字的词语的语意变迁，历史上的宗教思想对青色文化寓意的影响等几个维度，并在这些主题中按照时间顺序（如朝代）再做一次排序。

可以说，以类别为经、以时代为纬是本书编写的脉络。这样的布局对于一本小书来讲似乎过于复杂，但是目前找不到更好的办法了。因为，如果按照米歇尔·帕斯图罗的分类方法来写中国的青色，那么在每一个发展阶段都将面临一个难题，即无法对每一个时代的青色提炼出一个特定的主题。

毫无疑问，中国青色的文化寓意实在是太复杂了，而中华文化的丰富性在"青"字的造词以及青色的艺术创造和世俗应用中很好地体现了出来，以至于复杂到根本无法用某几个词语（更别说像米歇尔·帕斯图罗那样只用一个词语去概括几个世纪）去提炼、去呈现。

本书的写作目的是试图初步梳理出青色在中国历史上文化寓意变迁的脉络，并探究造成这种转变的原因。我在研究过程中将其拆解成不同维度，具体分解如下：

第一，研究从色彩所暗示的地位变迁来论述文化价值的演进，研究主流与非主流、尊贵与低微的转变脉络及其成因。

第二，早期字典辞书、诗词合集，归纳表青色义的词，以区分不同的青色及其使用状况和各自定义的内涵和外延。

第三，厘清青色在造物领域的应用情况，如在官服上的品级制度变迁，在器物及场所指代上的变迁。

第四，探索中国主要哲学思想（儒释道和魏晋玄学思想）对青色的文化寓意影响。

第五，呼吁当代艺术创作者在美术设计中对青色的应用要考虑中国青色特定的文化寓意，以及青色在不同民族的文化寓意，关注文化差异，以期创造出符合民族审美、展现独特魅力且更具文化深意的艺术作品。

六、本书参考的资料来源

中国研究色彩文化由来已久，虽无系统性论述，但涉及颜色的论述可散见于古籍文献中。中国古代的画论很丰富，古代绘画史上对于色彩有深入研究和创见的亦不乏其人。海外的出版物虽因目力所及仅搜集到六种原版图书，但作为研究中国青色的对照参考资料使用亦无须太多。本书参考的重要资料有以下七个来源：

一是历代中国绘画理论的相关文献。本书研究所依据的中国古代绘画艺术方面的文献，多采用俞剑华先生编辑完成于1956年的《中国古代画论类编》（上、下）。这两大本画论类编收藏了历代经传文集当中有关论画之作，收集了我国历朝历代的画理、画法、画诀、画诗、画品、画评、画谱、画说等，对历史上相关文献去伪存真，省去了再去考辨伪书的烦恼，为本书的研究提供了很大方便。其中，关于古人设色的理论资料，多采用《中国古代画论类编》。在这本画论类编中，《唐朝名画录》《历代名画记》《苦瓜和尚画语录》《林泉高致》《芥子园画传》，以及王维的《山水诀》《山水论》和苏轼、董其昌、石涛、陈老莲的各种画论亦被科学分类，均能很容易地找到。

二是语言文字类古籍。主要通过商务印书馆出版的《故训汇纂》作为古籍书目索引，参考前人研究成果，对《礼记》《急就章》《说文解字》《释名》《尔雅》《广雅》等文献中关于青色的注解进行提取和分析，并对属于青色范畴内的颜色词语进行检索和分类。可以说，《故训汇纂》为我有针对性地查询相关古籍打开了方便之门。

　　三是选取了中国古代诗词的代表性作品的合集对"青"字词语进行了分析，如《诗经》《楚辞》《乐府诗集》《全唐诗》《全宋词》《全元诗》《全元散曲》《明诗综》。其中，以《全唐诗》《全宋词》《全元诗》《明诗综》四部具有代表性的诗歌总集作为样本，使用"中华经典古籍库"进行了常用"青"字词语的检索，对先秦、汉、魏、唐、宋、元、明几个重要历史时期的诗歌总集中带有"青"字的高频词语进行了统计和分析。不过，统计时并没有完全剔除可能因目录、正文、题解而产生重复的词语，但由于对所有的搜索都采取统一标准，因此并不影响结论。

　　四是古代的正史、科技史等文献及神怪小说，如《宋史》《明史》《清史》《天工开物》《考工记》《山海经》《列仙传》等。对古代文献当中记载的、当代仍然高频出现的带有"青"字的动物、神仙、场所，以及日常生活中常用的带有"青"字的服饰、器物、名词进行了解读，并对这些词语的语意变化进行了梳理。这部分的研究是资料提取式的采集，只是摘取其中与青色研究有关的一小部分，如《明史》只参考了其中的《舆服志》部分。

　　五是东西方哲学、社会学、美学、艺术史方面的名家著述。主要参考了歌德的《颜色论》、黑格尔的《美学》相关理论，以及德国当代的社会学家诺伯特·埃利亚斯（Norbert Elias）的《符号理论》，学习并借鉴了冯友兰、钱锺书、朱光潜、陈师曾、贺麟、叶朗、宗白华、金开诚、余英时、李泽厚、陈鼓应、楼宇烈、陈来等现当代名家的著作。其中，钱锺书的《谈艺录》、朱光潜的《谈美》、贺麟的《文化与人生》、宗白华的《美学散步》、余英时的《士与中国文化》、金开诚的《文艺心理学论稿》、叶朗的《中国美学史大纲》等，给予我在青色文化史研究上的学术支持和启发最大。另外，许多当代研究者在颜色文化研究领域所公开发表的文章也是我的重要参考资料，并给予我很多启发。

六是近期国内出版的专门研究颜色的书籍。近年来，关于色彩文化的研究著作越来越多，关于颜色的文化特性越来越引起中国学者的关注，这是十分令人欣喜的。例如，中华书局出版的肖世孟的《中国色彩史十讲》是十篇学术随笔合集，以及《中国画颜色的研究》《善变的色彩颜色小史》《中国历史的色相：织色入史笺》《中国传统色》等面向大众的色彩泛论类图书，图文并茂，而且文字也很有生机。上海古籍出版社出版的汪涛的《颜色与祭祀：中国古代文化中颜色含义探幽》，采用多学科交叉融合的研究方法，通过殷墟的出土文物、考古发掘材料、文献资料、人类学和民族学的资料进行对比研究，揭示了商代颜色的象征性及其内涵。以上种种图书，也都给予过我探索的灵感。

其他关于颜色的图书则以教材居多，如人民美术出版社出版的吴树勋的《色彩》以及近二十年来全国数十位作者陆续出版的多种同名图书，大部分都是用于艺术生在校使用的教材。另外，《中国传统色彩学术年会论文集》是了解传统色彩研究前沿成果的一个窗口，其中收录的参会人员发表的研究文章可资参考。在语言学、美学、文学、绘画史研究等领域，亦有关于青色或"青"字词语的研究论文出现，这些文章多是从某一角度对"青"或者"青色"进行探究，而本文在进行青色文化寓意研究时也定向搜集了相关的研究资料。

七是国外的色彩学著作。例如，米歇尔·帕斯图罗的《颜色的历史》（*The History of Colour*）、《色彩列传：蓝色》（*Histoire d'une couleur*），卡西亚·圣克莱尔（*Kassia St Clair*）的《色彩的秘密生活》（*The Secret Lives of Colour*），维多利亚·芬利（Victoria Fenli）的《颜色的故事：调色板上的自然史》（*Colour*, *A Natural History of the Palette*），城一夫的《色的知识》。另外，美国耶鲁大学教授戴维·斯科特·卡斯顿（David Scott Kastan）和英国的斯蒂芬·法辛（Stephen Farthing）院士共同编写的《论色彩》（*On Color*）于 2018 年由耶鲁大学出版社出版，其时我恰好在伦敦，于查令街上的 Foyles 书店买到了英文版。这些国外专著都是探求颜色的自然历史、文化历史的图书，他们的研究方法对本书的写作也起到了一定的启发作用。

第一章

青色家族

中国的青色不是一种单色，而是一个内涵丰富、覆盖广泛的大家族。我们试图从科学上按照光谱为青色定义，但那也是不准确的。在语言学上，表达青色的词语非常丰富且一直在不断变化。我们来看古代文献上的青色族谱，就能看到这种色彩有多么复杂了。

一 青色族谱

17世纪（约为1666年），科学家牛顿发现了白光是由多种颜色的光组成的。牛顿于1704年出版了《光学：反射、折射、光线的传播与色彩》一书，1705年系统地提出了光谱的概念。所以，在18世纪以前，无论是在中国还是欧洲历史上，都没有明确的、系统的光与色彩的概念。

在中国历史上，并没有什么权威来规定和指定什么样的颜色可以叫"青色"，什么样的颜色不叫"青色"。所以，在讨论这种颜色之前，我们有必要明确三点：

第一，中国古代的青色并不是特指某一种颜色，而是一系列颜色的统称。所以，这里讨论的青色是一个很大的颜色家族。

第二，青色这个家族还在不断增减成员。随着时间的变化，青色家族的成员也在发生变化。古代的"青"字，可以涵盖现代光谱中的绿色、蓝色、黑色。到了近现代，"青"字一度代指蓝色。在1947年由商务印书馆出版、温肇桐编著的《色彩学研究》里，作者用来标识颜色的词语是"红橙黄绿青紫"，而不是"赤橙黄绿青蓝紫"。这是因为，温肇桐所指的"青"便是指现代光谱里的蓝色。同时，"青"这个字古代又有"苍"的含义，还被用在"青丝"这个词语中代指"黑发"。另外,在大量的词语里,"青"字都指绿色(如"青草""青苔""青松")。但是,在现代光谱的谱系里,"青"字在单独指颜色时已经不再包含绿色或者黑色。对照现代光谱图,青色在古代主要覆盖的是 425—445nm 波段的色彩,而与"青"字有交集的颜色字则覆盖的波段更多,几乎包括了 425—575nm 的更大的波长范围。所以,青色的家族成员是随着时间的变化有所变化的。

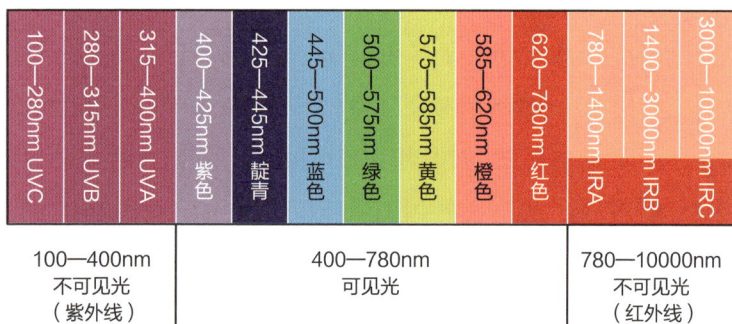

光谱图

100—280nm UVC | 280—315nm UVB | 315—400nm UVA | 400—425nm 紫色 | 425—445nm 靛青 | 445—500nm 蓝色 | 500—575nm 绿色 | 575—585nm 黄色 | 585—620nm 橙色 | 620—780nm 红色 | 780—1400nm IRA | 1400—3000nm IRB | 3000—10000nm IRC

100—400nm 不可见光（紫外线） | 400—780nm 可见光 | 780—10000nm 不可见光（红外线）

光谱图

（425—575nm 波长,被称为青色）

第三,研究中国古代的青色,依据的是文字、绘画、服饰和考古发现的器物。所以,文献是极为重要的,对青色的研究是脱离不了对"青"字的研究的。我们需要对文字进行创造性想象,也常常需要与文物互证。

在明确了这三点之后,我们就可以理一理青色家族的成员。

二 青色起源

据考古发现,人类最早使用颜色的证据应当出现在新石器时

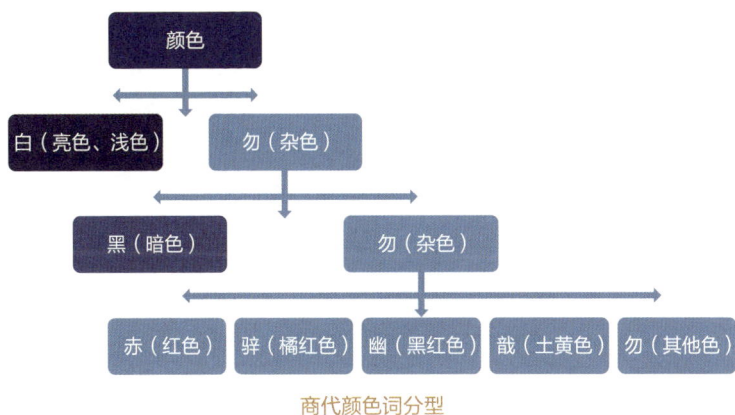

商代颜色词分型

代。在中国，出土于陕西西安半坡文化遗址的红色彩陶盆上装饰了黑色绘画图案。在河姆渡文化遗址中，也发现了彩陶纹饰。在"2020 年度中国十大考古新发现"之一的浙江宁波余姚井头山遗址中，使用颜色装饰的彩陶盆的历史又提前到了距今约八千年。不过，这个时期人类对色彩的提炼技术和应用领域十分有限。考古学家在研究河南安阳殷墟甲骨文的过程中发现了八个常见的关于色彩的词，分别是"赤"（红色）、"驿"（橘红色）、"白"、"黑"、"黄"、"戠"（土黄色）、"幽"或"玄"（黑红色）、"勿"（杂色）。但是，这里面并没有表示蓝色、绿色或者青色的词语。

殷墟中发掘的器物、人骨、木椁等虽然都有颜色的印记，却都不见青绿色。在发掘时，考古人员曾在一个颜料盒里确实发现过一种绿色粉末，推测为颜料，但是并未发现这种颜料被使用在墓葬绘画中的证据。这是迄今为止发现的最早的绿色颜料，距今有三千多年的历史。目前，没有找到商代人使用这种颜色染色之后的织物的证据，因为年代实在太过久远了。

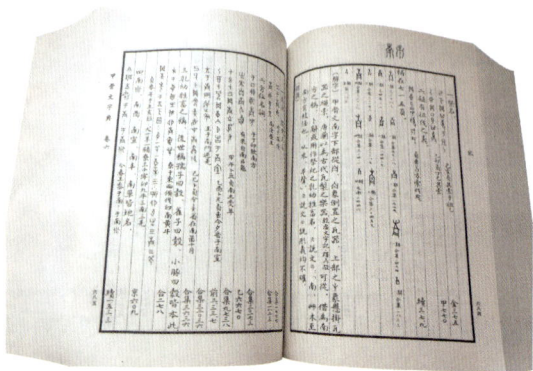

《甲骨文字典》"南"字页

从甲骨文里的颜色词使用来看，可以发现颜色分类的发展过程：第一次颜色分割是在"白"与"勿"之间，"白"表示所有亮色、浅色，而"勿"则表示各种杂色。接着，"勿"的颜色范畴开始分离出其他颜色，首先分出来"黑"表示颜色中的另外一种极限的暗色；又接着分离出"赤"和"黄"。此时，我们并没有发现后世用来表示蓝色、绿色的"青"。[1]

"青"字一度被认为出现在殷墟甲骨文当中，但是并非表示颜色。考古专家王湘和李孝定就认为，甲骨文当中确有"青"字出现，写作 ，但是后来研究表明这个字是"南"字。[2] 这样看来，从新石器时代到商代的漫长年代，中国的古人们是没有表达"青色""绿色"概念的词语的。可能最早到西周时期，"青"才作为

[1] [英]汪涛：《颜色与祭祀：中国古代文化中颜色涵义探幽》，郅晓娜译，上海古籍出版社，2013年，第115页。

[2] 徐中舒主编：《甲骨文字典》，四川辞书出版社，2014年，第684页。

颜色词出现。[1]

西周青铜器墙盘的铭文里记载了"青幽高且"一词，可能指的是祖先居住的天空或者上界。但是，李学勤先生认为，青铜器上墙盘铭文中的"青"（𤯓）是"静"的假借字。

考古发现了殷墟中的青绿色的颜料而没有找到相应的文字，甲骨文发现的"青"字被证伪，青铜器铭文中的亦被否定，种种证据表明在颜色的早期分类阶段中青色尚未在语言学上分离出来。

在先秦的文献中，"青"字开始大量使用，"青"的意义已经十分复杂，可指绿色、可指蓝色，还可以指黑色或其他暗色。[2]例如，《尚书·禹贡》里有"厥土青黎"，这里的"青"就是指黑色。

《论语》里有谈及颜色的句子，其中有两个字也与青有关。例如，《论语·乡党》："君子不以绀緅饰，红紫不以为亵服。……""绀緅"，音为"干州"。"绀"，四声，音"干工作"的"干"，是带点红的深青色。"緅"，是带点红色的黑色。孔子说，大人、君子是不以深青透红或黑中透红的布给平常穿的衣服镶边作为饰物的。"亵服"，是指平时在家里穿的贴身衣服。孔子说，便服也不宜用红紫色。其中，"绀""緅"就是青色家族的两个成员。

《说文解字》中这样解释"青"部："东方色也。木生火，从生、丹。丹青之信言必然。凡青之属皆从青。"说的是，"青"代

[1] [英] 汪涛：《颜色与祭祀：中国古代文化中颜色涵义探幽》，郅晓娜译，上海古籍出版社，2013年，第115页。

[2] [日] 清水茂：《说青》。香港中国语文学会编：《王力先生纪念文集》，香港商务印书馆，1987年，第141—162页。

人面鱼纹彩陶盆　陕西西安半坡村出土

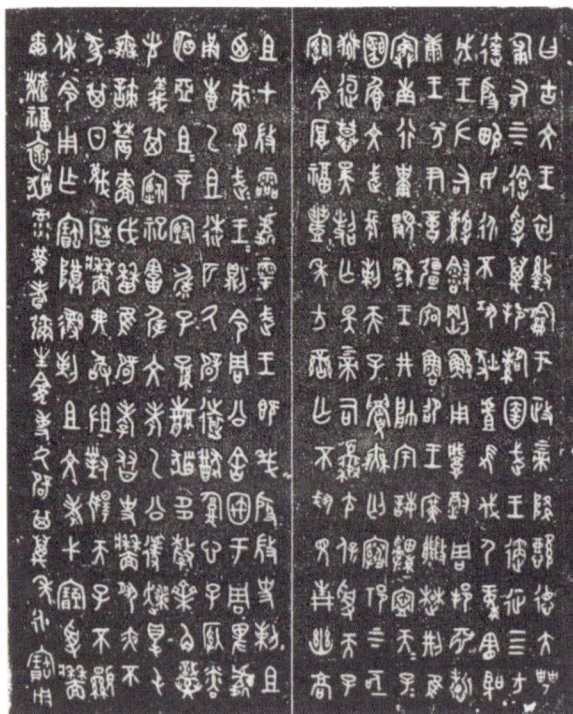

史墙盘铭文

表东方的颜色。"青"是树木之色，木能生火，而火的颜色是丹红色、赤色，所以"青"字是"生"与"丹"的会意。"青"字在《说文解字》里也是一个比较核心的颜色词，可以用来解释其他与"青"相关的颜色。

综合《说文解字》《尔雅》《广雅》等文献中与"青"相关的颜色词，可以整理出以下十三种颜色与"青"有关的字，或者说是做出了与青色有关的名词解释：

"青，东方色也"；

"碧，石之青美者，从玉、石"，段玉裁注"从玉石者，似玉之石也，碧色青白"；

"绿，帛青黄色也"；

"缥，帛青白色也"；

"铅，青金也"；

"紫，帛青赤色"；

"绀，帛深青扬赤色"；

"缎，帛青赤色"；

"繱，帛青色"；

"蓝，染青草也"；

"翠，青羽雀也"；

"蔥，青谓之蔥"，郭璞注"浅青"；

还有《广雅》里提到的"苍，青也"，以及《山海经》里也提到了"苍玉"，浓重而近乎黑色的青色，是为"苍"。

经过归类，至少在古代典籍中提到的青色，就有青、碧、绿、缥、铅、紫、绀、缎、繱、蓝、翠、蔥、苍计十三大类，而本文所探讨的青色也包含了这十三种青色的内涵。这些记载与现代光谱对照，可以发现实际上中国的青色涉及了光谱中绿、蓝、黑三大类颜色，而且其中的色度变化也非常大。

◎ 青

在五行观点中，东方属木，草木为青色，因此青色也就成了中国的独特颜色。《说文解字》："青，东方色也。木生火，从生、丹。丹青之信言必然。凡青之属皆从青。"《楚辞·大招》："青春受谢，白日昭只。春气奋发，万物遽只。"王逸注："青，东方春位，其色青也。"《释名》："青，生也。象物生时色也。"

◎ 碧

"碧，石之青美者。"

"碧"，本义是美丽的青色玉石。

在《山海经》里，卷二《西山经》有"又西百五十里高山，其上多银，其下多青碧、雄黄"的记载；卷三《北山经》有"又东二百里，曰虫尾之山，其上多金、玉，其下多竹，多青碧"的记载。《石雅·色金》中解释为"青碧，亦石青、石绿之属"。《本草纲目》谓"古之扁青"，俗称为大青，是一种蓝铜矿——这种蓝色的石头所含的金属主要是铜。

今天，这类"大青"石头还有个叫得比较广泛但不大精准的名字——"孔雀石"，画工们称由孔雀石提炼出来的颜色为"石绿"。

◎ 绿

"绿，帛青黄色也。"

绿，来自青草的颜色，是以菉草染色的织物，是青中带黄。"绿"字使用得很早。例如，《诗经·卫风·淇奥》："瞻彼淇奥，绿竹猗猗。"朱熹注："绿，色也。"与《毛传》解释为"玉刍"不同。《诗经·小雅》："终朝采绿，不盈一掬。"朱熹注："绿，王刍也。""王刍"，就是菉草，是一种深绿色的植物，就像蓼蓝草可以提炼出花青色一样可以染色，染出的织物是青黄色。

《诗经·邶风·绿衣》："绿兮衣兮，绿衣黄里。心之忧矣，曷维其已。"朱熹在《诗集传》注："绿，苍胜黄之间色。黄，中央土之正色。间色贱而以为衣，正色贵而以为里，言皆失其所也。"意思是，朱熹认为这首诗是说夫人庄姜贤惠却失其位，令人忧愤。

由此可见，古时所指的绿色是"间色"。杨慎这样解释"间色"："五行之理，有相生者，有相克者，相生为正色，相克为间色。"正色包括"青赤黄白黑"，间色包括"绿红碧紫流黄"。绿色是青黄杂色，青属木，黄属土，木克土，所以是间色。用黄、蓝两种颜料配比不同，就能调配出深绿、浅绿，可以制造出春阳高起、苍山叠翠的蓬勃画面。

◎ 縹

"縹，帛青白色也。"

丝织品呈现出来的颜色较淡的青白色叫作"縹"，就是一种

五代　顾闳中　韩熙载夜
宴图（局部）

浅青色。《广雅·释器》记载："缥，青也。"《释名》记载："缥，
犹漂。缥，浅青色也。"《博雅》记载："缥，青也。"另外，根据
《释名》的记录，这个缥色还分为碧缥、天缥、骨缥等颜色。王
褒在《九怀·通路》里写道："宣游兮列宿，顺极兮彷徉。红采兮
骈衣，翠缥兮为裳。"南朝人吴均《与朱元思书》也写过"水皆
缥碧，千丈见底"的句子。

　　由此可见，缥色是很淡很淡的青色。淡到什么程度呢？就
像是白色泛青的薄透纱裙或一杯淡青色的酒，白色或者透明中
幽幽地泛着些许若有若无的青光。南唐后主李煜《子夜歌》中
有"缥色玉柔擎"之句，说的是女子纤细如玉的手指捧着泛着

青白光亮的美酒频频向宫廷宴请的嘉宾们敬酒的场景。缥色的裙裳和美酒，总让人联想到婉约柔美的画面，宛如仙境。

◎　铅

"铅，青金也。"

"铅"，本义是金属铅。古人认为，铅呈现出灰青色，所以也把灰青色的物体的颜色称为铅色。据《周礼·考工记》记载："玉人之事……黄金勺，青金外，朱中。"此处的"青金"二字，孙诒让援引《说文·金部》来注释，即"铅，青金也"。"铅"与"色"合成组词之后用来形容像金属铅的颜色，但这个词抽象化水平比较低，适用范围很窄。

◎　紫

"紫，帛青赤色。"

《急就篇》有"缥绦绿纨皂紫硟"的记载，颜师古注"紫，青赤也"。在现代光谱里，紫色是可见光中波长最短的一部分，是由红、蓝两种颜色的光合成的。比紫色更短的波段，被称为"紫外线"，可以用来消毒灭菌。

在中国古代文献里，认为紫色是由红、黑两种颜色构成的。由于黑色和红色皆为正色，紫色就被认为是间色，并在很长一段历史时期是不被高看的颜色。

《论语·阳货》中记录了孔子对紫色的厌恶："恶紫之夺朱……"在何晏《论语集解》中，解释了孔子为什么这么说，那是因为"朱，正色；紫，间色之好者"。何晏认为，孔子不喜欢紫色是因为"恶其邪好而夺正色"。由此可见,原始儒家的礼制思想,类比五色的正间之说,造成了紫色在这个历史阶段被贬低。

◎ 绀

"绀,帛深青扬赤色。"

这是许慎在《说文解字》里的注解。段玉裁注:"以缯入深青而赤见于表,是为绀。"又注:"绀,此今之天青,亦谓之红青。"由此可见,绀色是略微发红的深青色。

这种颜色曾经被用来形容头发的颜色。例如,《文选》中张协《七命》:"玄彩绀发。"这看上去有点像时尚女孩儿到美发店里焗油成黑红发。

清 任薰 桃花鹦鹉图
此图中的鹦鹉就是"绀趾丹嘴,绿衣翠衿"。

绀色还可以用来形容人体或动物器官或表皮的颜色。《文选》中祢衡《鹦鹉赋》就用了"绀"字，文中描写鹦鹉是"绀趾丹嘴，绿衣翠衿"。意思是，鹦鹉脚的颜色是青色泛红的。

另外，医学上还有一种病症被称为"紫绀"，那是因为绀色与疾病引起的皮肤青紫色相类似。所以，《黄帝内经》："生于肝，如以缟裹绀。"清代张志聪注："绀，青扬赤也。"

◎ 緅

"緅，帛青赤色。"

《广雅·释器》："緅，青也。"王念孙疏证："绀、緅皆深青色，而緅又深于绀。"也就是说，緅色也是暗青色略微发红，但要比绀色颜色更深。

在《现代汉语词典》中，"绀"的解释为"稍微带红的黑色"，"緅"释义是"黑里带红的颜色"。由此可见，"绀"与"緅"，二者的颜色是十分接近的。

◎ 綟与葱

"綟，帛青色。"

"葱，菜也。"

这是《说文解字》对"綟"与"葱"的训诂。"綟"的本义是指丝织品呈浅绿色，而"葱"的本义是葱类的植物，圆筒形的叶子，中间是空的，叶子呈青色。

段玉裁注《说文解字》："葱即綟也，谓其色葱。葱，浅青也。"《急就篇》："葱，青白杂色之名也。"《广雅·释器》："綟，青苍色，通作蔥。"也就是说，"繐"与"蔥"颜色相同。《集韵·东韵》："蔥，古作蔥。""繐，轻绢。"《尔雅·释器》郭璞注："青，谓之蔥。"《广韵》解释"繐"为"色青黄文细绢"，即繐是指带有淡黄色花纹的浅绿色丝织物。在春秋战国时期，繐与蔥都可用来抽象化，进而形容青色物体的颜色。与"绀""缎"二字一样，"繐"和"蔥"也几乎失去了现代汉语的应用场景，绝大多数人已经不知道这两个字是形容青色的意思了。

◎ 蓝

"蓝，染青草也。"

"青出于蓝而胜于蓝"，如今被形容晚学者后来居上，其本义为青色染料的提取过程，原本是"青取之于蓝，而青于蓝"。

蓝，是蓼蓝、菘蓝、马蓝等蓝草。这种蓝草浸泡在水里，然后加上石灰搅拌，就会析出蓝色的汁液——"蓝靛"，取其浮于面上的色彩谓之"花"，也就是国画颜料中常用的"花青"。所以，青色是从蓝草绿色的枝叶里提取，却比蓝草还要浓艳。

◎ 翠

以"翠"表示青色，是来源于对动物的观察。《说文解字》："翠，青羽雀也。"翠色最早来自翠鸟的羽毛，这种鸟的背部和面部的羽毛是一种明亮的带有光泽的蓝绿色。春秋战国时期，古人从这种鸟翠蓝发亮的羽毛中提取了抽象的"青"意。

战国时期，楚国宋玉《登徒子好色赋》："眉如翠羽，肌如白雪。"这是形容女子的蛾眉青绿好似翠鸟的羽毛。

蓼蓝

　　将蓝草在水中浸泡，并加入一定比例的石灰不断搅拌，就会产生"蓝靛"。国画中所用的颜料"花青"，就是用这个工艺制作成的。

用蓼蓝草提取蓝色染料（秦淮桑　摄）

今天，北京城里有许多以"翠微"命名的道路、商厦和社区。"翠微"，泛指青山。《尔雅·释山》："未及上，翠微。"注疏："近上旁陂。"释曰："谓未及顶上、在旁陂陀之处，名翠微。"春山远望则翠，近观则翠色渐微，故曰翠微，即是还没上山的时候看山是"翠微"。

《文选》有左思《蜀都赋》，描写蜀都的山峦"郁葐蒀以翠微，崛巍巍以峨峨"。刘逵注："翠微，山气之轻缥也。"这里是以"翠微"形容山气淡青。后来，"翠微"也就被用来泛指青山。例如，唐人杜牧《九日齐山登高》："江涵秋影雁初飞，与客携壶上翠微。"

《汉书·贾山传》有"饰以翡翠"的提法，注曰"雄曰翡，

南宋　马麟　芙蓉翠羽图

雌曰翠"。这里的"翡翠"并不是玉石翡翠，而是指鸟的羽毛。"雄鸟为翡，雌鸟曰翠"，贾山是在用雌雄鸟的翠蓝色羽毛去做装饰。

"翠"是闪亮、夺目、浓烈的颜色，甚至是有妖艳魅惑之感的蓝绿色，后来与青色的符号意义两相背驰。"翠"的鲜亮绿色也很受诗人和画家的喜爱，如白居易的"远芳侵古道，晴翠接荒城"(《赋得古原草送别》)，杜牧的"吴王宫殿柳含翠，苏小宅房花正开"(《悲吴王城》)，宋代画家郭熙的"苍翠而欲滴"(《山川训》)，都是指这种鲜亮的蓝绿色。不过，如果美术设计师想追求清雅的设计，那是万万不能用"翠"的。

◎ 苍

《说文解字》释义："苍，草色也。"指"苍"是草的颜色。

但是，其他文献记载却有不同的意思。例如，《诗经·秦风·蒹葭》："蒹葭苍苍，白露为霜。所谓伊人，在水一方。"其中，"苍"，《毛传》训为"苍苍，盛也"，而《广雅·释训》为"苍苍，茂也"。可见，"苍"的本义应是草木茂盛的样子，后来引申为草木茂盛时呈现出来的深绿色。

"苍"，还可以指蓝色。例如，《诗经·王风·黍离》："悠悠苍天，此何人哉！"《毛传》释义："据远视之苍苍然，则称苍天。"这里指深绿色和深蓝色在视觉上相近，因而古人把这二者归到一起泛指了。

在《现代汉语词典》中，"苍"字的解释在颜色上只有两种：一是青色（包括蓝和绿）；二是灰白色。例如，白居易《卖

庚戌秋初画似

孝翁老父臺

教正

治弟王時敏

清　王时敏　云峰树色图

炭翁》："满面尘灰烟火色，两鬓苍苍十指黑。"此处的"苍"即指灰白色。

三　青色家族取名来源

在中国古代，除了十三个拗口的"青碧绿缥铅紫绀，缦綟蓝翠蒽苍"之外，百姓口头上对"青"字家族成员的称呼却不会像文献中那样咬文嚼字。在日常生活里，对青色的称呼是十分形象的。例如，用现实生活中所见的景或物来直接形容某种特定的青色，以表现细微的差别，如"天青""鸭卵青""蟹壳青"等，即以"物＋颜色"的方式去细分青色。另外，还有一批词语可能不带任何表达青色的颜色词，却指代的是青色。对于这些有名有姓的青色家族成员，可按照其命名的来源进行归类。

◎ 天之青——"天青色等烟雨，而我在等你"

词作者方文山写过一首歌词，有"天青色等烟雨，而我在等你"句，令人联想到的是一幅天色青灰、烟雨蒙蒙的画面，容易唤起听者婉转惆怅的情绪。朝夕荏苒，天光变幻，中国古代汉语中来自天空的青色词语十分丰富，如天缥、井天、月白、品月、青冥、东方既白、云门、空青、碧落、绀宇等，

北宋　汝窑　天青釉弦纹樽

均是形容天青色的。

倘若是具体描写艳阳高照的大晴天，隋唐以后已不称其为青，而是常常直接称为蓝或者碧。例如，杜甫的"上有蔚蓝天，垂光抱琼台"(《冬到金华山观，因得故拾遗陈公学堂遗迹》)，宋人韩驹的"水色天光共蔚蓝"(《夜泊宁陵》)，张元幹的"万里碧空如洗"(《水调歌头》)，那真是一番"气澈天象明"的开阔景象，远近通透，天地清亮。

这里需要注意的是，月白不是白色，而是青色，看名字似乎是来源于天上的月亮，其实颜色是指一种染出来的布色。

◎ 水之青——"欸乃一声山水绿"

来自江河湖泊的青色，给人带来了灵动与心动。在文学作品中，人们以景物本身命名来代指颜色，给青色家族增加了新的成员，如沧浪、天水碧、翠涛、西子。例如，屈原《渔父》："沧浪之水清兮，可以濯吾缨；沧浪之水浊兮，可以濯吾足。"这首诗以"沧浪"一词给人以滔滔奔涌的青色想象。因此，"沧浪"亦可代指青色。

宋代词人苏轼在杭州任职的时候，曾写过《饮湖上初晴后雨》两首，其中一首写道："水光潋滟晴方好，山色空蒙雨亦奇。欲把西湖比西子，淡妆浓抹总相宜。"苏轼的这首诗把西湖比作古代四大美女之一的西施，深入人心。此后，西湖、西子便可兼称，而"西子"亦有了代指西湖水的青色之意。在《中国传统色》一书中，作者将"西子"的名字写在了青色家族里。

元 佚名 西湖图

◎ 草木之青——"是时三月半，花落庭芜绿"

来自草木的青色，是中国古人们随时可见的青色，也是现代色谱里面的绿色。这些青色往往以草色、花色、枝色、叶色来命名，有的翠色欲滴，有的郁郁苍苍。它们都是来自草木的自然之色，如菘蓝、苍筤、花青、苍葭、庭芜绿、青梅、葱青等。

例如，苍筤，是指竹子，尤其是幼小的竹子，因此也可以代指青色。《易经·说卦》："为苍筤竹。"孔颖达疏："竹初生之时，色苍筤，取其春生之美也。"章炳麟在《訄书·订文》里解释说："青石之青，孚笋之青，名实眩也，则别以苍筤、琅玕。"所以，这里的"苍筤"实际上是指绿色。

又如，菘蓝，其根就是我们常用的清热解毒、预防流感的板蓝根，开花时远看很像油菜花。由于菘蓝的叶子能提炼靛青色染料，因此在色彩上把菘蓝提取的染料颜色也叫菘蓝。

菘蓝是古代青色染料的重要来源。古代制造蓝靛，主要来源于菘蓝和蓼蓝两种植物。其中，菘蓝更容易水解，所以古人大量使用菘蓝来制作靛蓝染料去染布。青布衣裳性价比高，百姓大都能穿得起。

苍葭之色（秦淮桑 摄）

◎　山石之青——"半山青黛半山稀"

在人们的眼中，山色由于寒暑、晨夕、远近的不同会呈现出不同的色泽。根据山色命名的青色往往有旷达壮美之感，如晴山、碧山、翠微、山岚、石青、石黛、黛青、黛紫等。

山岚，是远山之色。悠远苍青，令人生出神游玄思之感。

黛青（青黛）、黛绿、黛紫等颜色中间都有一个"黛"字。"黛"字在《说文解字》里指画眉。《释名》："黛，代也。灭眉

南宋　赵伯骕　碧山绀宇图

毛去之，以此画代其处也。"指女子将自己的眉毛刮去，然后再用黑色的染粉画上去，时人觉得这样的眉毛更为美观。

黛，提取自黑色的石头。北京西边门头沟有个斋堂村盛产眉石，明清以来就是用那里的石头提炼画眉颜料的，因此也称石黛。白居易《长恨歌》里形容杨玉环令"六宫粉黛无颜色"，其中的"粉"是在脸上涂的粉，可以增白，而"黛"是黑色的石粉，是画眉毛用的。后来，"粉黛"就代指女性了。例如，《中国传统色》一书里收录了"黛"色，指的就是其中的"黛紫"色。

◎ 万灵之青——"青雀头羽黛，螺子蟹壳青"

人们取自动物飞禽的青色，总是显得生机勃勃，如绀蝶、鸭卵青、蟹壳青、孔雀蓝、青雀头黛、螺子黛、鸦雏、紫鼠等。这些词语一罗列出来，马上生出一种热热闹闹的人间烟火气。

鸭卵青，是淡淡的泛白的青色，即鸭蛋的颜色。蟹壳青，是水润得有点深幽泛绿的青色，河蟹或者海蟹的壳背颜色即是。我们由此也会发现一个问题，就是鸭卵和鸭卵之间，蟹子与蟹子之间的颜色都是不一致的，有的深些，有的浅些，但是都可以称为"鸭卵青"或者"蟹壳青"。

由此可见，中国颜色的命名并不精确，除非专业的美术设计，日常生活中并不需要拿着色卡来计算配比。颜色的命名浸透着中国文化的特色，模模糊糊，含含混混，没有太多的泾渭分明。就像做中国菜，同样是"烤鸭"或"水煮鱼"，但是各家饭店都没有统一的放什么料、放多少克的标准，味道如何全凭厨师的经验。

清　沈铨　孔雀玉兰牡丹图

孔雀蓝，名称来源于孔雀羽毛的颜色，但是亦称法蓝。"法蓝"一词，则得名于瓷器的釉色。据《南窑笔记》记载："法蓝、法翠二色，旧惟成窑有，翡翠最佳。本朝有陶司马驻昌南传此二色，云出自山东琉璃窑也。其制，用涩胎上色，复入窑烧成者，用石末、铜花、牙硝为法翠，加入青料为法蓝。"

◎ **神佛之青——"水如僧眼碧，山作佛头青"**

形容青色的词语中有许多来自佛教、道教及神话故事，这些青色无疑是幻想中的青色，是人们把人世间能想到的最美的、最丑的、最善的、最坏的情景附以特定颜色呈现出来的样子，如碧城、帝释青、佛头青、青鸾等。这些词语是在漫长的历史积淀当中形成的，有的是因为文学作品，有的是因为诗词歌赋，甚至有一些是现代人的新造。

帝释青，佛家所称的青色宝珠，也被称为帝青，实际上是指青金石。"帝释青"是来源于佛教经文的一个词语。在《一切经音义》里，有这样一条注解："帝青，梵言因陀罗尼罗目多，是帝释宝，亦作青色，以其最胜，故称帝释青。"《一切经音义》是唐朝释玄应、释慧琳两位僧人撰写的一部训诂学著作，其内容是为佛教经典当中的字词进行正音与释义并考证梵音，堪比许慎的《说文解字》。

宋代大诗人陆游写有《采莲三首》，其中一首云："帝青天映曲尘波，时有游鱼动绿荷。回首家山又千里，不堪醉里听吴歌。"从这首诗可以看出，当时的天色是帝青色，荷叶是绿色，可见正是天清气朗、色彩明艳的夏季，按理说诗人应该心情愉悦欢畅，却因思念千里外的家山反而惹出了无限惆怅。如此，明艳的景物

清 丁观鹏 莲座文殊像轴

与灰暗的心情形成强烈对比，更加衬托出了诗人孤寂的心情。

◎ 画染之青——"红采兮驿衣，翠缥兮为裳"

随着经济发展和提炼颜料的技术水平的提高，审美需要和艺术创作需要的色彩丰富程度也相应提高了，而青色的名称也随着颜料和染料的丰富而丰富起来，如群青、石青、青圭、瑾瑜、翠缥、挼蓝、缥碧等。织物染色程序不同或使用植物的种类不同所呈现出来的青色，以及从矿石中提炼的绘画颜料的青色，都为青色家族增加了新的名称。

天然的群青来自一种蓝色的宝石青金石，并在中亚国家最早使用。由于这种颜色"其色如天"，且常常用于佛教绘画，所以又被称为"帝青"或者"佛青"。在古代，宝石研磨成颜料工序复杂，造价昂贵，一般只使用在宫廷绘画或者寺院壁画当中。后来，有了人工群青，这种颜色的使用就变得很广泛了。

《红楼梦》里的王熙凤就很喜欢这种稳重而贵气的石青色。例如，在第三回《贾雨村夤缘复旧职　林黛玉抛父进京都》里面，王熙凤未见其人先闻其声，笑着说"我来迟了！"，一亮相就罩着石青银鼠褂。"……身上穿着缕金百蝶穿花大红云缎窄裉袄，外罩五彩刻丝石青银鼠褂，下着翡翠撒花洋绉裙。"另外，王熙凤还曾经将一件"石青刻丝八团天马皮褂子"送给了袭人。

◎ 瓷器之青——"九秋风露越窑开，夺得千峰翠色来"

还有一些青色的代名词是来自瓷器的色泽，后来就成了专门指代中国某一种青色的词语了，如粉青、梅子青、千山翠等。

北宋 汝窑 青瓷奉华纸槌瓶

例如，唐代诗人陆龟蒙曾经盛赞越窑青瓷，说"九秋风露越窑开，夺得千峰翠色来"（《秘色越器》）。越窑青瓷色如山峦之翠色，青光润泽，质感似玉，在晚唐五代时供宫廷专用。

四　青色的提取

◎　提炼植物染料

青色是古人广泛使用在织物上的颜色。在《天工开物·彰施第七》里，清晰地记载了古人是如何从植物中提取青色染料的。

想制造出深浅不同的青色，只需在染色过程中有些小技巧。"凡蓝五种，皆可为淀。"从如何种植到如何提炼染料，《天工开物》进行了详细的描述。例如，茶蓝（菘蓝）好养，通过插根就能活，而蓼蓝、马蓝、吴蓝等皆需要撒籽而生。

明代，人们发现了比菘蓝更好的提炼靛蓝的植物——蓼蓝，小叶，俗名苋蓝。蓼蓝提炼出来的靛蓝比菘蓝提取的蓝色染料更为浓厚有光泽，且不易褪色，品种更佳。后来，正是这种蓼蓝植物被输入欧洲，最终摧毁了欧洲长达几个世纪的菘蓝种植业和染色业。

《天工开物》还讲解了靛蓝的制作方法，如植物的叶与茎多的就直接入窖，叶和茎少的就放到桶里或者缸里面泡，"水浸七日，其汁自来"。直到这些植物渗出蓝色汁液之后，每一石汁液再放进五升石灰，搅冲数十下，靛蓝就凝结出来了。然后，等待水静止下来，靛蓝就会沉于底。

《天工开物》还详细记载了不同颜色是如何造出来的，如天青色是将织物放到靛缸里面染成浅淡的蓝色，再用苏木水（红黄色）去套染，就可以得到天青色。所谓套染，就是把同一织物放到不同颜色的染缸里，最终得出第三种或者第四种颜色。

要染葡萄青色，先把织物放入靛缸染成深蓝色，再放进苏木水里面套染。要染蛋青色，就先用黄檗水去染，之后再放到靛缸里染。要染翠蓝、天蓝二色，只在靛蓝的染缸里面染，但染的深浅不一样罢了。

要染玄色，先用靛水染成深青色，之后再用芦木和杨梅皮煮水之后套染。

月白、草色二色是用靛水微微一过染即可，也有用荩蓝煮水在半生半熟的时候进行染色的。

有意思的是，《天工开物》里还专门提到了如何去染包头用的青色头巾。虽然是深青色，却不是靛蓝染成的，而是将栗子壳或莲子壳煮一天，滤出来之后放在锅里，加入铁砂、皂矾，再把织物煮一个晚上，就成深青黑色了。

◎ 矿物质颜料

绘画艺术的需要使青色颜料出现了突飞猛进的变化，其中有一种颜料极为贵重，它是由宝石研磨沉淀而成的，就是由青金石研磨的群青。群青造价昂贵，提炼的过程繁复，因而常常被用于宗教场所的壁画、皇家装饰等。在北京西郊有一座明代的皇家寺庙法海寺，寺里的壁画堪称绝美。其中，水月观音普贤菩萨、文殊菩萨的光环和饰物使用了大量矿物质颜料，包括青金石。

荷兰　维米尔　穿蓝衣读信的少女

张守范在他的《矿物学》著作中这样论及青金石，"供制最贵重之妆饰品，器皿以及作蓝色颜料"。中西方绘画中都有珍贵的画作是用这种颜料画成的，如在莫高窟的佛像身上的蓝色就是用的青金石。

在 17 世纪的欧洲，画家们知道了这种来自中东或亚洲的宝石颜料，但由于十分昂贵而用得极少。荷兰画家维米尔画了许多灵动的少女，他在这些画作中常常使用蓝色，但只使用群青作为表面的颜色——就是上色时会以石青或者其他颜色打底，最后在上面涂上薄薄的一层群青。

由于群青十分昂贵，画家们并不总是用得起，因此他们经常使用的是另外一种蓝色——石青。石青又叫蓝铜矿，根据提炼的次数不同，颜色有深浅之分，分为头青、二青、三青、四青。在中国画当中，三青使用最为常见。

石青的覆盖性特别好，即便是画国画的时候也可以像画油画那样操作，可以等干了之后一层一层地覆盖上去，所以画家们画山水的时候都觉得石青好用，更有利于画出山体的阴阳、深浅、高低的质感。11 世纪末期，宋代大画家王希孟在他十八岁那年画了一幅《千里江山图》，展现了大宋壮美的江山。其画作气势磅礴、色彩明丽，而画中鲜艳的蓝色用的就是石青。这种矿物色历经千年而不褪色，至今仍然鲜艳夺目。

20 世纪，欧洲出现了一位伟大的画家毕加索，他也特别喜欢用蓝色作画，使用的蓝色有石青、钴蓝、普鲁士蓝。在 1901—1904 年的一段时间里，毕加索创作了许多以蓝色为背景或者以蓝色为主体，甚至以蓝色来涂染人物身体的画作。这段时期，毕加

北宋　王希孟　千里江山图（局部）

王希孟《千里江山图》，使用了石青、石绿。

索画的主要是下层人物，表达了一种忧郁和同情。

画家梵高也经常使用蓝色颜料作画，但是由于手头窘迫，他常用的蓝色颜料是便宜的普鲁士蓝，如画作《罗纳河上的星夜》《夜晚露天咖啡座》使用了这种蓝色。

第二章

青色文化寓意的潜藏轨迹

中国古代诗文中以"青"字组成的词语非常多，研究这些词语的来历和语义的演变，对探索青色文化内涵转变的轨迹大有裨益。在这一章中，我们会遇到许多常见的词语，而这些词语都是带有"青"字的。

一　爱恨"青楼"

随着一些专有名词的出现，青色的命运和文化内涵发生了重大变化，而"青楼"这个词，显然起到了"帮凶"的作用。

说起青楼，现代人都有着普遍的误解——那不是妓院吗？

如果是妓院，读一下这首北魏时期的《晚妆诗》则不免有些想入非非："青楼谁家女，当窗启明月。拂黛双蛾飞，调脂艳桃发。"如此美艳多情的女子，说的难道是歌舞妓在楼上魅惑人吗？

查阅《现代汉语词典》，其中非常直接地给"青楼"以唯一

五代　顾闳中　韩熙载夜宴图（局部）

的解释——"妓院",而对其他解释一概未提。事实上,"青楼"是中国古代诗词中的常用意象,其在古代的词义里也并非"妓院"一意,而倘若今人赏读古代诗文均以为"青楼"全是妓院就未免太让人尴尬了。

◎ 隋以前:贵族的"青楼"

据古代文献记载,"青楼"并非指妓院。在翟灏《通俗编》里明确指出,"青楼"指金张门第。在《敦煌变文》中,"青楼"指的仅是年轻女性的闺房。也就是说,在汉末魏晋时期,"青楼"指的是富贵人家的华丽屋宇或是女性的卧房,且通常带有褒义,与"妓院"之意无半点联系。

据统计,在《先秦汉魏南北朝诗》(逯钦立集校)中提及"青楼"的诗有十五首,在《全上古三代秦汉三国六朝文》(严可均编)中提及"青楼"的文章有三篇。在这些诗文中,"青楼"共有三种意思:

一是指年轻女性的居所,已婚或者未婚的年轻女性的闺阁。例如,北魏《晚妆诗》写的就是大户人家里年轻女性的闺阁:"青楼谁家女,当窗启明月。拂黛双蛾飞,调脂艳桃发。"南朝乐府《西洲曲》里也有写"青楼":"鸿飞满西洲,望郎上青楼。楼高望不见,尽日栏杆头。"这首乐府诗写的也是年轻的妻子想念郎君的情景。

二是指豪门贵族的华宇高屋。例如,曹植的《美女篇》:"青楼临大路,高门结重关。"说的便是豪门里那些奢华的房屋。

三是也可专门指南朝齐武帝建的兴光楼。据《南史》卷五中记载:"(齐)武帝于兴光楼上施青漆,世人谓之青楼。"

清　冷枚　春闺倦读图

由此可见，在隋以前，"青楼"的三种意思在当时的诗文当中是交替出现的。因此，在隋以前的诗文中，"青楼"并没有指代妓院或妓女的意思。

查阅《汉语大词典》，可以发现"青楼"一词具有五个义项，分别是："女性的闺房""清漆涂饰的豪华精致的楼房""南朝齐武帝的兴光楼""妓院"，以及"借指妓女"。在《汉语大词典》收录的关于"青楼"的义项中，前三个义项在隋以前都有体现，而后面两个义项却没有体现。由此可见，"青楼"指代妓院应该是隋以后的事情。

那么，"青楼"是从何时开始成为妓院代称的呢？

◎ 唐宋：文艺与爱情的聚集地

查阅《全唐诗》，可以发现"青楼"一词一共出现了 150 次，其中大部分"青楼"指代的都是有歌舞妓的娱乐场所，还有少部分仍指高楼华宇。由此可见，在唐代，"青楼"已被普遍认为是娱乐场所的代名词。

在唐人眼中，"青楼"所指的"妓"并非当代社会学意义上的"妓"，而是艺伎。唐代诗人笔下的"青楼"在更大程度上代表着爱情、自由和风雅，或者可以说是艺术与爱情的结合地。例如，李白有诗"对舞青楼妓，双鬟白玉童"（《在水军宴韦司马楼船观妓》），杜牧有诗"十年一觉扬州梦，赢得青楼薄幸名"（《遣怀》），孙光宪有诗"艳冶青楼女，风流似楚真"（《南歌子》）。在这些诗人笔下，青楼女子都是善歌舞、工诗词、能吹弹的美丽才女，而青楼也正是风流才子寻觅风雅、追求自由和爱情的地方。

南宋 马远 华灯侍宴图

进入宋代，以《全宋词》为例，"青楼"一词出现了 111 次，虽然总量少于《全唐诗》，但由于《全唐诗》总数比《全宋词》多了约一倍，因此"青楼"在《全宋词》中出现的频次差不多是《全唐诗》的两倍。由此可见，宋代文人相当地偏爱和喜欢"青楼"。

在宋词里，"青楼"绝大部分都是代指风月场所。宋词中描写青楼爱情的诗句也比比皆是，虽无"青楼"二字，但有"红牙板"的旖旎缠绵。以柳永为代表的"杨柳岸，晓风残月"大批登场，而"青楼"指代"妓院"也逐渐成为当时文人、百姓的共同认知。

◎ 元代："青楼"和杂剧密切相关

到了元代，"青楼"市井化了，不再是知识分子笔下的风雅之地，但是与新的艺术形式——元杂剧密切相关。

元代，有个没落文人夏庭芝撰写了一本《青楼集》。《青楼集》是记载元代杂剧艺人的一本书，对杂剧演员的分类、关系、色艺等都进行了细致的记录和描写。因此，这是一部十分难得的可以了解元代戏剧行当和艺人生活记录的书。

根据《青楼集》的记载，演杂剧的女演员一般都是嫁给本行业的男演员。因为，表演杂剧的女演员也很难嫁给别人，她们在社会分工上属于"乐人"或者"歌伎"，普遍遭到了当时社会的歧视。这个行业的人没什么选择权，很难与其他行业的从业者通婚，从而出现了一家老小都从事杂剧演艺行业的现象。

《青楼集》里共记载了二十二对"乐人"夫妻，以及子女、师徒、婆媳、朋友等艺人的故事。在当时，做官的人虽然常常光顾青楼，也可以喜欢某些戏子，但无法娶"乐人"为妻，最多配为小妾，而小妾的家庭地位类似婢女，地位很低。由此可见，在元代，"青楼"二字更多地代指"乐人""歌伎"进行杂剧或歌舞演出的演艺场所。

◎　明清：《青楼韵语》《青楼梦》问世，"青楼"沦为妓院

到了明朝末期，资本主义开始萌芽，底层社会生活也变得较为开放。"青楼"成为下沉到底层的情色交易场所，虽然文人们仍偶尔也用"青楼"代指高楼华屋，但是"青楼"二字在社会生活中已普遍指代妓院。

明崇祯四年（1631），难登大雅之堂的《青楼韵语》皇皇八卷四册成书，后来由朱元亮重新辑注。《青楼韵语》大部分都是诗词，但准确地说是"淫诗艳词"。

《青楼韵语》先是收录了古代《嫖经》内容，还选了历代名妓创作的词曲。《青楼韵语》分为八卷：卷一、卷二为赠美类，卷三为合欢类，卷四为调合类、叙赠类，卷五为题赠类、携春类、耽恋类，卷六为间阻类、嘱劝类，卷七为离别类、送钱类、赋物类，卷八为感怀类。从《青楼韵语》的目录来看，明代民间情色交易盛行似乎已见怪不怪。

明清时期，小说文体出现，"青楼"地位继续下滑。其中，最具代表性的就是艳情小说《金瓶梅》和《青楼梦》的问世。

《金瓶梅》虽然是艳书，但作者兰陵笑笑生开创了一种新文体——创造了中国第一部独立创作的章回体长篇小说，同时后世评论家认为这部书全景式地描绘了明代民间生活的真实面貌，深刻揭露了明代社会的腐败和黑暗云云。但是，《青楼梦》格局则

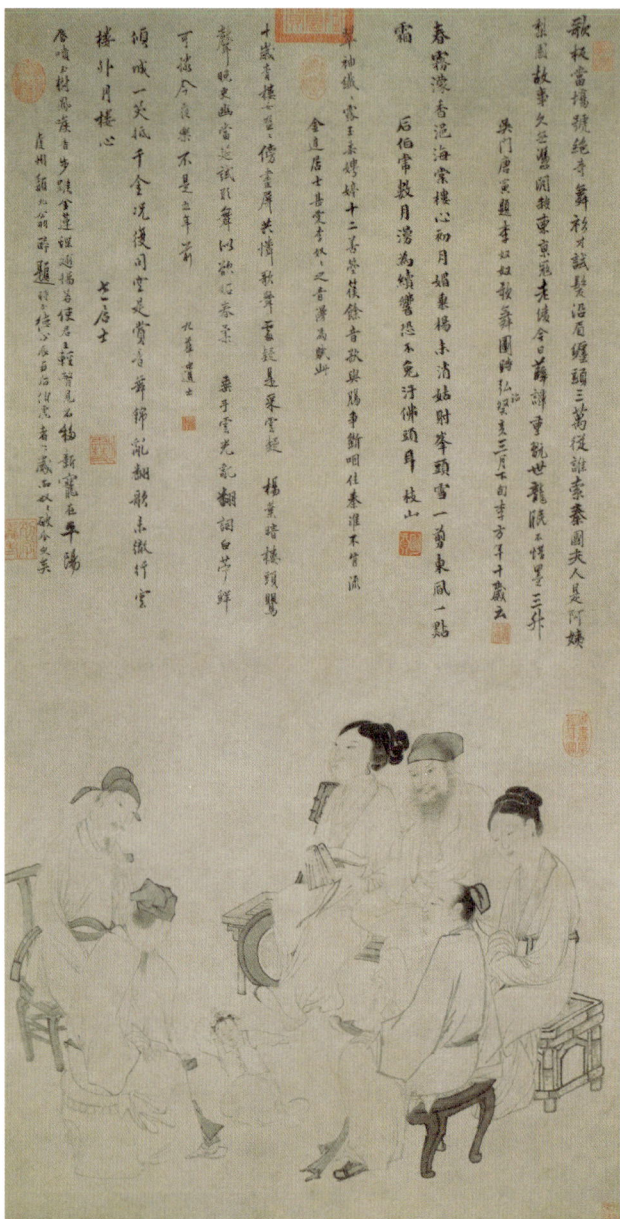

明　吴伟　歌舞图

很小，格调更为低下。

《青楼梦》的作者是清代江苏人俞达。俞达一生怀才不遇，是个"仕隐两失"的读书人，却逢考必败始终无法取得功名，难免也就有了"忍把浮名，换了浅斟低唱"的想法。俞达经常出入酒楼妓院，买醉买春，浑浑噩噩，却又自觉满腹文采无处可施，于是创作了一部男欢女爱的《青楼梦》。

《青楼梦》极为露骨地直接谈论床笫之欢，极尽渲染男女艳情之能事，真实地记录了清代的"青楼"生活。至此，"青楼"二字的意思就被完全转换为"妓院"了。

二 "人好命不好"的青衣

提起青衣，总能给人以庄重、冷静、神秘、低微、苦难的感觉。在京剧的旦角里，青衣是个"苦条子"角色，基本的定位是——"人都是好人，就是命不好"。

"命虽不好，偏不认命。"青衣们普遍敢爱敢恨，与命运坚决抗争到底，就是变成鬼也一定要伸张正义。

在戏剧舞台上，以服装颜色彰显角色特点成为重要因素。那么最能反映这种性格特点的就是苍青色、藏青色。颜色深一点的青色，对人的视觉刺激有限，有凝重感。在戏剧服装颜色上，红色太喜庆，黄色太绚丽，绿色活力有余而稳重不足且稍显轻浮，纯黑色严肃但又过于威严、老气，给人的感觉是少了点奋斗的想象空间，缺乏生气。所以，青衣们的服装基本上就是深浅不一的青色或间杂些绛色、白色、黑色。

清　崔鹤　李香君肖像

"青衣"一词早在春秋战国时期就出现了，但并非我们现在常用的含义。根据古代文献记载，"青衣"一词在不同的时代具有不同的文化内涵。在周代到战国时期的历史文献中，可以看到"青衣"一词的语义变化。

"青衣"一词的社会地位演变，并不像"青楼"那样每况愈下，但也出现了明显的词义缩小的情况。

◎ "青衣"曾是天子帝王、王后宫妃的皇家穿着

在两千多年前的古书《礼记·月令》里，曾经明确记载了"青衣"三次。

第一次，写孟春。"孟春之月，日在营室。……东风解冻，蛰虫始振，鱼上冰，獭祭鱼，鸿雁来。天子居青阳左个，乘鸾路，驾苍龙，载青旗，衣青衣，服仓玉。食麦与羊，其器疏以达。"

第二次，写仲春。"仲春之月，……天子居青阳大庙，乘鸾路，驾苍龙，载青旗，衣青衣，服仓玉，食麦与羊，其器疏以达。"

第三次，写季春。"季春之月，……天子居青阳石个，乘鸾路，驾苍龙，载青旗，衣青衣，服仓玉，食麦与羊，其器疏以达。"

这三次出现"青衣"都是写天子在春天里的着装。《礼记·月令》所记载的五色与五行相对应，在不同季节穿不同颜色的衣服。因此，在春季，天子穿青色衣服以顺应天时。到了"孟夏之月"，则"天子居明堂左个，乘朱路，驾赤骝，载赤旗，衣朱衣，服赤玉。食菽与鸡，其器高以粗"。意思是，天子春季穿青衣，夏季穿朱衣，秋季穿白衣，冬季则穿黑衣。

春季天子必须着青衣，而百官只有在天子恩赐的时候才能穿

清　御笔平定台湾二十功臣像赞（局部）
此图展示了清代王公重臣着朝服的形象。

青衣。例如，《东观汉记·礼志》："章帝行幸，敕立春之日，京都百官皆衣青衣，令史皆服青帻。"跟着天子在立春之日出行，百官可以穿青衣。

在这一历史时期，百姓只有在祭祀等重大场合才有可能着青衣。例如，在《春秋繁露·求雨》中，描写了求雨的场面："大苍龙一……小龙七……于东方……其间相去八尺，小童八人，皆斋三日，服青衣而舞之；田啬夫亦斋三日，服青衣而立之。"小童和田啬夫是掌管税赋、徭役及农事的地方小吏，他们在祭祀的仪式中身穿青衣求雨，因为他们在此时代表人间的神圣天子。

后世，历代天子的服饰颜色有了许多变化，天子不再囿于春季着青色服饰，渐渐地青衣就演变成了一种礼服。例如，在《新唐书·车服志》和《新唐书·礼志》中，均有"青衣缥裳"的记载。

◎ 青色成为官服色，"青衣"只代指低级官吏

随着时代的变迁，穿着青衣者的地位开始出现变化。从天子的春季之服，神圣庄严的祭祀之服，到朝服公服、低品级官服，再到书生、百姓的服装颜色，青衣经历了一个漫长的过程。

北周时期，开始出现"品色衣"。据《隋书》卷一《礼仪志六》记载："大象二年下诏，天台近侍及宿卫之官，皆着五色衣，以锦、绮、缋、绣为缘，名曰品色衣。"

到了隋朝，官服的颜色从五色当中选取了红色和青色两种正色，而不再使用黑、白、黄三种颜色，因为当时黑、白两色已经成为祭服的颜色。例如，《礼记·玉藻》记载，"天子玄端而朝日于东门之外""诸侯玄端以祭"都是穿黑色。

明　佚名　十同年图

　　据《仪礼·士丧礼》记载，"瑱用白纩，幎目用缁"是指导士丧父母自始死至出殡之间的礼仪，也是用黑、白两色。同时，黄色在隋朝是"中央之色"，仅能为皇帝专用。

　　因此，除去黑、白、黄这三种颜色，隋朝以后官服的颜色排序就基本为紫、绯、青、绿，而青色和绿色是较低职位官员的官服颜色。直到清朝，青色才成为所有官员的官服主色。

　　那么，为什么青色作为正色，却在很长的历史时期只是较低级别官员的官服颜色，而紫色、绯色这样的间色却成了高阶官员的官服颜色呢？

　　原来，官服颜色的选择和当时的民族文化息息相关。紫色、绯色成为富贵之色可能有以下几方面原因：

　　一是魏晋南北朝时期政权更迭，北方民族与中原民族出现了大迁徙、大交流、大融合。在胡汉混居及北朝政权称霸中原时期，北方少数民族对服饰的颜色审美极大地影响了中原地区，而他们多喜欢艳色。

　　在《梦溪笔谈》里，沈括这样写道："中国衣冠，自北齐以来，乃全用胡服，窄袖绯绿。"由此可见，鲜艳的颜色是北方少数民

族的喜好，这一喜好也影响了中原地区的审美。

二是国君等特权阶层的个人喜好会对官服色彩使用产生影响。春秋时期，齐桓公好紫服，孔子说"恶紫之夺朱"。另外，秦国的国君也好紫服。国君好紫服，上下自然效仿，以为高贵。

三是有可能受道教文化的影响。所谓"老子出关，紫气东来"，紫色被赋予了神圣的意味。大约也有些其他的偶然因素，凡此种种，冲淡了正色与间色的界限。因此，出自红色系的紫色和绯色，就成了隋朝官服的颜色。继隋之后，从唐朝一直到明朝，紫色、绯色一直高贵于青色，青、绿则成了低等官员的服装颜色。

◎ "青衣"在东汉时期代指地位低微人群

东汉时期，蔡邕写过一首著名的《青衣赋》，该赋宛如工笔画般描写了一位容貌出众、贤淑端庄的女子，寄托了对出身低微的青衣婢女的爱慕之情。

《青衣赋》中写这位女子的容貌，"盼情淑丽，皓齿蛾眉。玄发光润，领如蟒蜥。纵横接发，叶如低葵。修长冉冉，硕人其颀"，简直美得不可方物。

再写女子的穿着，"绮袖丹裳，蹑蹈丝扉"。由此可见，这位女子虽被称为"青衣"，但穿的却是红色系的衣服——"绮袖丹裳"。

然后，蔡邕又夸这位女子"盘蹒蹑蹀，坐起低昂。和畅善笑，动扬朱唇。都冶武媚，卓踩多姿。精慧小心，趋事飞"。意思是，这位女子的言行举止、待人接物也十分温婉得体。

最后，蔡邕甚至下了结论："宜作夫人，为众女师。"然而，这段感情在现实里无法发展，因为这位女子的身份实在低微。

《青衣赋》开篇道："金生砂砾，珠出蚌泥。叹兹窈窕，产于卑微。"指出赋文所描述的这位女子的社会地位处于底层。蔡邕描述完这位女子的诸多魅力之处，又直接哀叹："伊何尔命，在此贱微。"

蔡邕以真挚的言辞追叙了一段恋情，并且爱恋这位女子已经到了"思尔念尔，愸焉且饥"的程度，就是"我思你念你啊，就像饥饿了一样痛苦"。然而，尽管这位女子让蔡邕如此动情，但阶层的不同却让他无法自由地发展和维持这段感情，只能徒唤奈何。由此可见，在东汉时期，"青衣"二字已经固化到下层百姓了。

在魏晋时期，朝廷规定百姓允许穿着的颜色就是绿、青、白三种颜色。据《渊鉴类函》记载："士卒百工履色无过绿、青、白；奴婢履色无过纯绿。"

三国时期，曹操在《与太尉杨彪书》写道："有心青衣二人，长奉左右。"此处的"青衣"指的是服侍左右的婢女。南朝梁费旭有一首《和肃记室春日有所思》写道："芳树发春晖，蔡子望青衣。"这里的"青衣"指的也是女仆。

青色衣衫之所以为下层百姓所常穿，其根本在于廉价。

当时，在染布料的植物染料中，青色最为易得。因为，染青色的一种蓼蓝草既适合在南方生长也适合在北方生长，很容易就能收集到。用蓝草来染布衣，易着色，造价也低。所谓"青出于蓝而胜于蓝"，就是指用这种蓼蓝草制成染料染青布料。

在唐朝时期，"青衣"越发成为小官吏和底层百姓的常见服装，也因此被用来指代这类人群。这一点可以通过《全唐诗》得到一定的验证。

检索《全唐诗》，关于"青衣"在诗句中的使用仅有 19 次，远远少于"青山""青春"这样的词语，而且除了特指专有名词"青衣山"（即乌尤山，在今四川乐山东南）外绝大多数都是指代底层官吏或者婢女。

例如，刘禹锡写过一首《和乐天消失婢榜者》，里面就写到了"青衣"。

> 把镜朝犹在，添香夜不归。
>
> 鸳鸯拂瓦去，鹦鹉透笼飞。
>
> 不逐张公子，即随刘武威。
>
> 新知正相乐，从此脱青衣。

这首诗是刘禹锡的戏谑之作，是写给白居易的。

白居易原本写了一首《失婢》寄给刘禹锡，说的是官宦富家有婢女逃跑，只好张榜寻找逃跑的女子。白居易的《失婢》原诗是这样的，"笼鸟无常主，风花不恋枝。今宵在何处，唯有月明知"。刘禹锡看过《失婢》之后调侃起那些失去婢女的人，说婢女早上还给主人"把镜"梳洗，到了晚上该"添香"伴读的时候就不知道去哪儿了。

刘禹锡调侃失婢者，说那个逃跑的婢女必定是投奔新欢去了，"新知正相乐，从此脱青衣"。由于汉以后的婢女、差役一般都是穿青色或黑色衣服，这里刘禹锡用"青衣"指代婢女的身份。

在诗作中，刘禹锡猜测婢女投奔了张公子或者刘武威这类新欢之后，恐怕就不再是下等人了。由此可见，唐朝时期，"青衣"

南宋　佚名　盥手观花图

已经完全指代婢女了。

唐朝武则天时期，沈佺期写过一首《喜赦》，也提到了"青衣"。但是，这里的"青衣"却不是指婢女。

> 去岁投荒客，今春肆眚归。
> 律通幽谷暖，盆举太阳辉。
> 喜气迎冤气，青衣报白衣。
> 还将合浦叶，俱向洛城飞。

首联，诗人去年被流放到荒远之地，今年春天遇到大赦可以回洛阳去了，所以喜气洋洋。颈联，诗人"喜气迎冤气，青衣报白衣"，这里的"青衣"是指前来报大赦消息的官吏。

由于唐代八九品的下级官员才穿青色官服，因此沈佺期以"青衣"称呼他们。"白衣"则是指诗人自己，当时受到处罚失去官职的官员自称"白衣"。

唐朝女道人鱼玄机是当时才华横溢的名妓，她有一首诗《访赵炼师不遇》也提到了"青衣"。

> 何处同仙侣，青衣独在家。
> 暖炉留煮药，邻院为煎茶。
> 画壁灯光暗，幡竿日影斜。
> 殷勤重回首，墙外数枝花。

诗中鱼玄机提到她去访友，把"青衣"留下看家护院，亦可佐证在唐代"青衣"一词是普遍指地位低微之人的。

到了宋代，"青衣"被文人墨客提及得就越发稀少了。检索

清 改琦 元机诗意图

《全宋词》，发现只有10首用了"青衣"一词。

著名诗人陆游留下了传世诗词2000余首，但词作中却只有两首《蝶恋花》有"青衣"二字，且并非是指"青衣"而是地名"青衣渡"："不怕银缸深绣户，只愁风断青衣渡。"陆游在他的《夏夜》诗里再次提到了这个"青衣渡"，诗句为"五更忽作梦，立马青衣渡"。可见，宋人并不愿意以"青衣"一词入诗入词。

由宋词亦可推测，宋代知识分子主要关注天下、朝廷，关注自身与同僚的际遇以及道德、爱情与山水，至于"青衣"所代表的下层人士和低级官僚并非文人重点关注的对象。因此，要将他们写进诗词，实属罕见。

◎ "青衣"亦是神鬼之服

在中国历史文化里，"青衣"有个特别的代指，就是神鬼。

"青衣"有时是指仙人的化身，如"白头青衣"是指仙人，而"青衣童子"则是神仙的使者。最早穿青衣的神仙，应该是出自《山海经》。据《山海经》记载："有系昆之山者，有共工之台，射者不敢北乡，有人衣青衣，名曰黄帝女魃。"这个穿青衣的黄帝女魃帮助黄帝打败了蚩尤。

还有一个神仙也是穿青衣的，那就是蚕丛——青衣神。据说，在周幽王烽火戏诸侯之后，"蜀侯蚕丛，其目纵，始称王"，就是那时候蚕丛当上了蜀国的开国之君。蚕丛穿青衣，教百姓种桑养蚕，使蜀地经济发展起来，并创建了蜀国。蚕丛死后，蜀人感其德，奉蚕丛为"青衣神"，即蚕神。

"青衣"也常常是鬼的化身。唐朝人张鷟的《朝野金载》中记录了一个女鬼的故事：

郑家庄这个偏远的小山村，有个年轻男子二十来岁，在村边的驿路上看见一个穿着青衣的女子在独自行走，容貌非常秀丽。男子自然生出爱恋的情愫，遂上前问女子去往何处。女子说想到郑县去，可是约好的三个婢女一直没来，所以一个人在这里徘徊。

男子见女子楚楚可怜，便把女子带回到自己居住的地方安置，并给她准备了酒食。到了晚上，男子顺水推舟柔情蜜意地和女子同床共寝了。

结果，第二天早上家人敲门久久不开，喊他也没人答应。于是，"于窗中窥之"。家人扒着窗户看，"唯有脑骨头颅在"。家人有胆子大的连忙破门而入，却忽然看见房间的梁上暗处有一只大鸟冲出门去。最后，《朝野佥载》云："或云是罗刹魅也。"

中国的鬼怪小说中多见女鬼，而且这鬼也常常是要幻化为美女人形的。但有一点叫人捉摸不透的是，这女鬼既要吃人害人，何不见了男子就地吃掉罢了，为何一定要与男子入宅中共赴一番云雨之后再吃呢？由此可见，这个鬼故事多半是吓唬人的，借此用来警示"男人切莫贪恋女色"，以教育男人倘若起了歪心思定会受了鬼怪的欺骗而最后没有好下场。

当然，鬼故事中让鬼神穿青衣，概因青色之冷，因其缺乏阳气，自然有阴戾之色。

在现代色谱中，红、黄、蓝才是三原色，这三原色的配比不同，波长不同，因而组成了多彩斑斓的世界。但是，现代色谱与中国传统的五行五色说根本无法一一对应。

当黄、蓝配比各占一半形成青绿色的时候，让人联想到春天万物生长的草木之色，因此也给人生命力旺盛的感觉。但是，当蓝色比例加大，又加了红色配比之后，红、黄、蓝的组合就出现了更为深暗的黑色倾向，像夜晚一样阴沉晦暗。

这种深青色就给人以神秘、内敛、冷酷的心理感觉，而青色与鬼神这两种完全不同的事物就因为人的心理感觉相似而共通起来。于是，"青衣"也就成了通灵鬼神的意象。

◎ "青衣"特指戏曲中的旦角

进入明清以后，由于黄梅戏、京剧等新的戏剧形式出现，"青衣"开始成为戏曲中正旦角色的代称，并逐渐成为专有名词。

在我国古典戏曲中，"青衣"是传统戏曲行当旦角中的一种。南方剧种称为正旦，北方剧种称为青衣。

这个旦角的特色有二：一是在舞台上常常穿青褶子服装，或者即便是穿着宫衣也是穿着清雅的褶子裙；二是她们都是命运悲苦的角色——或者是贤妻良母被遗弃，或者是贞洁烈女——被称为"苦条子旦角"。

典型的"青衣"角色，如《霸王别姬》里的虞姬、《铡美案》里的秦香莲、《武家坡》里的王宝钏等。在这些戏曲里，女主人公都是命运苦寒但大胆抗争，要自己决定自己命运的形象。

例如，《铡美案》中陈世美进京赶考，秦香莲在家乡侍奉公婆，养活一双儿女，后来遭遇旱灾、老人双亡，秦香莲走投无路进京寻夫却遭到拒绝，甚至差点被人暗杀。最终，在清官包拯的公断下复仇。《霸王别姬》中虞姬为了不成为楚霸王项羽的负担，决

明 仇英 揭钵图（局部）

绝地选择乌江自刎。《武家坡》中王宝钏以相府之女的身份下嫁薛平贵，薛平贵征战西凉，王宝钏只好苦守寒窑。十八年后，王宝钏鸿雁传书，薛平贵赶回与王宝钏相认，最终薛平贵攻陷长安自立为王，并将王宝钏封为正宫娘娘。

这些青衣都具有中国传统妇女的美德：对父母孝顺、对孩子慈爱、对爱情忠贞不贰，并且极具牺牲精神。这些妇女的传统美德受到古代男权社会的认同和赞赏，因此这些妇女的美德在传统社会得到称颂，人们乐于在她们遇到不公时为其伸张正义。

由此，青衣也就逐渐有了正义凛然的庄严形象。

三 "青丝"既指黑发又指马绳

"青丝"常用来代指秀发，与白发连用。"青丝白发"形容韶华易逝，青春不再。但是，"青丝"在最早指的是绳子，并非头发。

最早出现"青丝"的诗作，应当是乐府诗。例如，《乐府诗集·相和歌辞三·陌上桑》里有"青丝为笼系，桂枝为笼钩"，《乐府诗集·杂曲歌辞十三·焦仲卿妻》里有"箱帘六七十，绿碧青丝绳""赍钱三百万，皆用青丝穿"。这两处的"青丝"并不是我们现在所指的乌黑的秀发，而是指青色的丝线或绳子。

在南北朝时期和隋唐时期，"青丝"曾代指马缰绳。在许多诗人的作品中，都留下了"青丝"指马缰绳的表达。例如，南朝人王僧孺的《古意》中有"青丝控燕马，紫艾饰吴刀"，其中"青丝"就是指马缰绳。唐代诗人杜甫的《前出塞》诗里有"走马脱

元　任仁发　九马图

辔头，手中挑青丝"，其中骑马人手里拿的"青丝"就是马缰绳。唐代诗人李白在乐府诗《陌上桑》里写道："美女渭桥东，春还事蚕作。五马如飞龙，青丝结金络。"这里的"青丝"也指的是马缰绳，并不是美女的头发。

自唐朝始，"青丝"以李白之妙笔喻指黑发而闻名于世。中国文人慨叹韶华易逝、功名难就、壮志难酬的时候，会频繁地使用"青丝"的意象。李白在《将进酒》里慨叹："君不见，高堂明镜悲白发，朝如青丝暮成雪。"这句千古传诵的名句，让"青丝"成了青春的象征。由此可见，"青丝"并非单指女性的头发，而是更多地被诗人代指青年男性的头发。"青丝"在现代之所以多指女性的头发，大概是因为此时男性的头发确实没有古代长了，难以以丝称之。

明　佚名　梳妆图页

由于年轻女性的美丽特征之一是一头乌黑的秀发，所以"青丝"也时常直接代指妙龄少女。以局部代整体，历来是语言运用的常见现象。

当然，"青丝"也偶尔代指琴弦，但这种用法并不多见。例如，唐人刘长卿《杂咏·幽琴》："月色满轩白，琴声宜夜阑。飏飏青丝上，静听松风寒。"这里刘长卿用"青丝"代指琴弦，给人带来一种弹了就会断的纤弱感，但又似乎并不够准确。或许，这种用法未能引起共鸣，因而并没有像李白用"青丝"指代乌发那样流行开来。

四 "青衿"与"青衫"：中国古代文人的象征

前文讲到了"青衣"和"白衣"，"青衣"可以指职位较低的官员，"白衣"可以用来代指已失去官职的官员，而实际上"青衿"与"青衫"则是更为普遍的中国古代读书人的代称。

衣服的颜色、衣服的样式，都具有定位社会地位的功能，因此衣服的特征就常常被用来指代这类人群。《红楼梦》里有"昨怜旧袄寒，今嫌紫蟒长"，这里的"紫蟒"是官服的花式，也代指做高官。

"以貌取人"，是一种社会通病，也是人们判断成功与否的维度之一。这个"貌"，不单是指长相的美丑，还包括穿着的好坏，而穿什么样的衣服就可能处于什么样的社会地位则是判断一个陌生人最直接的方式。

例如，《论语·子罕》："衣敝缊袍，与衣狐貉者立而不耻者，

明 仇英 人物故事图册 子路问津

其由也与？"这里说的是子路穿破烂衣服与穿裘皮衣服的人站在一起却不觉得羞耻，孔子因此夸奖子路说"不忮不求，何用不臧"。意思是，子路看人家衣服穿得比自己好，却不嫉妒、不贪求，这就足以称得上"贤"了。但是，反过来也说明，普通人若穿得不好，站在穿得体面的人面前一般都会在心理上有低人一等的自卑感。

再说"青衿"。青衿，是古时学子所穿之服。最早出现于《诗经·郑风·子衿》："青青子衿，悠悠我心。"因为周朝学子常常穿着青色的服装，因此"青衿"一词也被用来代指周朝国子监生。

到了北齐、隋唐、两宋时候，学子的制服也通常用青色，后来就作为读书人的代称，也被称为"青衫"。但是，"青衿"和"青衫"在寓意上还是有些许差别的。"青衿"在诗文当中更强调的是读书人身份，而"青衫"常常指被贬或者仕途失意的官员。

唐代，有"青衫"一词的最有名的诗句是白居易的《琵琶行》："座中泣下谁最多？江州司马青衫湿。"这里的"青衫"指诗人自己是个失意的官员，而不是强调自己是个书生。

宋代，王安石《杜甫画像》有"青衫老更斥，饿走半九州"，描绘了一个穷苦潦倒的唐朝小官吏杜甫；苏轼《古缠头曲》有"青衫不逢湓浦客，红袖漫插曹纲手"，也引了白居易《琵琶行》的典故自况"青衫"。由此可见，"青衫"地位不高，时与红粉同病相怜。

五　人生何处不"青山"

"青山"的本义是自然状态下草木葱茏的山，并常常出现在诗人笔下。例如，李白《望天门山》里有"两岸青山相对出，孤帆一片日边来"，孟浩然《过故人庄》里有"绿树村边合，青山郭外斜"。这些"青山"都是写实的青山。

但是，在诗人的眼中，又常常是"看山不是山，看水不是水"。例如，李世民的"独叹青山别路长"（《饯中书侍郎来济》），就不是写实的青山，而是以青山代指山水田园生活，表达了诗人自己身居天子之位的不自由，慨叹身不由己。

在文人笔下，常常通过作者的主观情意与客观物象互相交融而形成足以使读者沉浸其中的想象世界，这就是意境。[1]"青山"是古代诗文当中的常见意象，为营造诗文的意境发挥了重要作用。

人们常常将自然景物作为相互交流的媒介，把自然景物变成人们表达思想情感时可以借代的东西。在唐、宋、明、清时期，"青山"一直都在文人墨客的作品里高频次出现。在儒释道三家主宰中国文化格局的一千六百年间，"青山"这一自然景象显现于各个思想学派学者的笔下，用以表达不同的意象。

儒释道三家学派既有思想交锋也有合力互补，在十几个世纪里指导着中国人的人生实践，左右着中国文化的脉搏。与此同时，"青山"一词也在这个思想发展交融的历程中寄托着文人的不同心境和诉求。

---

[1] 袁行霈:《中国文学概论》，高等教育出版社，1990年，第93页。

明　沈周　青山红树图

◎ "青山"是文人对寒窗苦读的记忆

"青山"是许多读书人生命的一部分。在入仕之前，读书人常常会寄身山间寺庙、道观等安静之地专心研读。例如，李白出夔门之前一直在大匡山读书；陈子昂入仕之前在金华山的道观里读书；刘长卿少年时在嵩山读书。因此，"青山"往往是文人对那段读书岁月的怀念。

另外，在以农业为主要产业形态的古代社会中，人类改造自

南宋　刘松年　秋窗读书图

然的能力不强，既有敬畏之心，也与自然的关系更为亲密。书生赶考的旅途经历千山万水，也常常结交朋友遍访名山大川，这些与青山绿水共处的经历是他们人生的重要组成部分。

◎ "青山"是入仕之人对隐逸山林的向往

归隐自然山水与入仕的纠结在中国古代知识分子的内心会反复碰撞。这是两种不同生活状态的碰撞，更是两种人生追求的碰撞。诗人无论得意还是失意，都愿意寄意于青山。失意之时，此情尤甚。通过一组古代文人仕途坎坷的数据统计，我们就能理解为什么他们会如此向往"青山"。

学者尚永亮先生统计过唐五代三百一十二年间的贬官人数，总计有 3641 人。其中能称得上文人、诗人的有 1209 人，占到了33.21%。[1] 例如，白居易因得罪权贵被贬为江州司马、忠州刺史。柳宗元曾被贬为柳州司马，十年之后再被贬为柳州刺史。因此，柳宗元悲愤慨叹："予既委废于世，恒得与是山水为伍。"（《陪永州崔使君游宴南池序》）

《全唐诗》收录了"诗仙"李白的 997 首诗，《李太白全集》收录了 1010 首，其中用"青"字 296 次，有 22 首诗直接用到"青山"一词，有的时候甚至一首诗用两次。例如，"高楼对紫陌，甲第连青山"（《南都行》）、"久卧青山云，遂为青山客。山深云更好，赏弄终日夕"（《日夕山中忽然有怀》）。

诗人刘长卿更是酷爱写青山，他一共留下 96 首诗，其中居

---

[1] 尚永亮：《唐五代逐臣与贬谪文学研究》，武汉大学出版社，2007 年。

明　仇英　桃源仙境图

然有 36 处用了"青山"一词，占了近 40% 之多。例如，"何当遂良愿，归卧青山郭"（《雨中登沛县楼，赠表兄郭少府》）、"荷笠带夕阳，青山独归远"（《送灵澈上人》）、"绿竹放侵行径里，青山常对卷帘时"（《赴南中题褚少府湖上亭子》，一作李嘉祐诗），都无不透露着刘长卿内心的纠结，既想重振仕途，又对未来感到迷茫无助，想归隐山林又心有忧愤。同时，刘长卿似乎将青山视为了读书人一生最忠诚的伴侣，如"辕门画角三军思，驿路青山万里心"（《送侯中丞流康州》）、"谁怜此别悲欢异，万里青山送逐臣"（《将赴南巴，至徐干别李十二》）。

由此可见，仕途多舛，人事翻覆，唯有青山不改，陪伴依旧。因此，"青山"便成了失意文人最为依恋并感到最为安全的人生去处。

◎ "青山"是儒家仁心的寄托

孔子曰："仁者乐山，智者乐水。仁者静，智者动。"对于此句，清朝刘宝楠解读为"仁者乐如山安固，自然不动而万物生焉"。"仁"，体现在儒家对自然万物的"静观"当中，而"青山"在儒家知识分子心里也代表一种仁心的"寄托"。

◎ "青山"是具有宗教色彩的想象空间

信仰佛教的唐代诗人王维留下很多堪称经典的田园山水诗。在王维的诗歌中，"青山"和"白云"是用得较多的意象。王维诗歌画面的意象构成比较简单，颜色的使用也很简明，如白、青、绿三种颜色最常用，这三种色彩冷静、空灵、自然，通常给人一种极为简洁的视觉感受。

王维在自己的诗作里常常使用"青山"和"白云"的意象，而"白云"意象的使用比"青山"的频次稍高。王维留下的有"白云"的诗有 80 余首，如"卑栖却得性，每与白云归"（《留别钱起》）、"但去莫复问，白云无尽时"（《送别》）。同时，王维也很喜欢使用"青山"的意象。"城上青山如屋里，东家流水入西邻"（《春日与裴迪过新昌里访吕逸人不遇》）、"素怀在青山，若值白云屯"（《瓜园诗》）、"忍别青山去，其如绿水何"（《别辋川别业》），这里的"青山"深隐旷达，亘古不改，象征着诗人心灵的安宁，也象征着内心向往的境界。

南宋 赵伯驹（传） 辋川别墅图

王维还用过很多青色的景物来造境，如青松。王维《过香积寺》："不知香积寺，数里入云峰。古木无人径，深山何处钟。泉声咽危石，日色冷青松。薄暮空潭曲，安禅制毒龙。"诗人说山上的太阳光线是很寒冷的，由于松林茂密，而松树的枝叶又是苍青的冷色，所以当日光从松树沧桑的枝叶间投射下来的时候，无论是在真正的体感温度落差上还是在颜色上都给人一种冷的感觉。

在《过香积寺》中，王维写的是一座寺庙，诗的最后两句描写的情景是一个将近黄昏的时刻，在清潭之畔看见了和尚们正在"安禅制毒龙"。僧人坐禅时能够心神安然，可谓"安禅"。"制毒龙"一句则是根据《涅槃经》的一段经文所述"但我住处，有一毒龙，其性暴急，恐相危害"。这里的"毒龙"指的是人心中的各种欲望，主要是任意滋长萌生的私欲："制毒龙"就是通过坐禅入定去制伏个人心中各种妄念杂想。

道家思想的核心是无为，主张顺其自然、因循物性。因此，"青山"的意象在信奉道教的诗人笔下也是频频出现。例如，李白有22首诗直接写到了"青山"二字，诸如"两岸青山相对出，孤帆一片日边来"（《望天门山》）、"青山横北郭，白水绕东城。此地一为别，孤蓬万里征"（《送友人》）、"屈盘戏白马，大笑上青山"（《登敬亭北二小山余时送客逢崔侍御并登此地》），等等。李白以极其自由浪漫的手法将"青山"信手拈来，一方面表达讴歌山河、崇尚自然的旷达情怀，另一方面表现出愤世嫉俗和放飞自我的逍遥自在。李白的诗歌充满着无限生机活力，是积极无为。当然，道家的庄子学派偏向于消极无为，追求"堕肢体，黜聪明"，追求"形如槁木""心如死灰""吾丧我"（《庄子·齐物论》）。但是，老子学派所倡导的"无为"则是"辅万物之自然而不敢为"(《老子》六十四章），是"生而不有，为而不恃，长而不宰"(《老子》五十一章），并非消极逃避，而是积极无为。

老子主张"不自见""不自是"，就是不要自作聪明，自以为是，要以退为进、以曲求全、以柔克刚。在信奉道教的诗人的作品里，"青山"更多地呈现出"自由""清净"的意境。因此，对于信奉道教的诗人李白来说，"青山"正是他生命中不可或缺的忠实伙伴，是他可以自在逍遥，得道修仙的好去处。

六 理想中的"青云"

"青云"一词，最早出现于《楚辞》。例如，《楚辞·九歌·东君》："青云衣兮白霓裳，举长矢兮射天狼。"《楚辞·远游》："涉青云以泛滥游兮，忽临睨夫旧乡。"这里的"青云"用的是本义，就是指青色的云。

◎ "青云"用于比喻高官显爵

由于青云在高空之上，人们便联想到了仕途通达、官位显赫。

据《史记·范雎蔡泽列传》记载："须贾顿首言死罪，曰：'贾不意君能自致于青云之上。'"汉扬雄的《解嘲》："当途者升青云，失路者委沟渠。"司马光《和任顿田感旧叙怀》："自致青云今有几，化为异物已居多。"这些诗句都是以"青云"来比喻高位。

当然，由高位也可以联想到谋取高位的途径。例如，汪铚的《春芜记·悲秋》抒发了"肝胆自怜白首，功名谁借青云"的忧愤之情，而此处的"青云"即"青云之路"。后世，人们经常以"平步青云"祝愿入仕之人能够官运亨通。

◎ "青云"意象是远大的抱负和志向

"不坠青云之志"，人们常用其来形容自强不息。这句话可查于明代徐渭诗作《上督府公生日诗（并序）》，诗中写道："未逢黄石书谁授，不坠青云志自强。"

同时，"青云"也代指那些有青云之志的文人。例如，杜甫《寄李十二白二十韵》："白日来深殿，青云满后尘。"仇兆鳌注："青云，指文士之追随者。"这里的"青云"指那些仰慕李白才华的文士。他们见贤思齐，也有着远大的志向。

◎ "青云"偶尔代指隐居

虽然人们常用"青山"代指隐居，但偶尔也用"青云"代指不为功名所累，可以闲云野鹤般归隐的去处。例如，《南史·齐衡阳王钧传》："身处朱门，而情游江海；形入紫闼，而意在青云。"

从《全唐诗》《全宋词》整体来看，"青云"一词的引用均属于较高频次。但是，明显感觉唐人比宋人在事业上更有"追求"，因为在唐人的诗作里，"青云"意象的应用大部分是表达远大抱负。相比宋人，唐人更加注重能否实现自己的"青云之志"。

七 青天：从高远难及到正义化身

"青天"是古人诗词中常用的意象。"青天"最早见于《庄子·田子方》："夫至人者，上窥青天，下潜黄泉，挥斥八极，神气不变。"

"青天"在唐诗中的使用频次非常高。例如，杜甫《绝句》："两个黄鹂鸣翠柳，一行白鹭上青天。"孟浩然《越中逢天台太一子》："上逼青天高，俯临沧海大。"李商隐《嫦娥》："嫦娥应悔偷灵药，碧海青天夜夜心。"苏轼《水调歌头》："明月几时有？把酒问青天。"

◎ 李白的"青天"

喜爱用"青天"一词的非李白莫属，其诗作中有多达50首诗使用了"青天"。李白有儒家匡时济世的雄心，却一生坎坷郁郁而不得志，因此在李白的诗中常常以"青天"抒发其"一生傲岸苦不谐"（《答王十二寒夜独酌有怀》）的愤懑之情。例如，《行路难·其二》："大道如青天，我独不得出。羞逐长安社中儿，赤鸡白雉赌梨栗。弹剑作歌奏苦声，曳裾王门不称情。"李白对自己的才华极为自信，然而现实与理想落差巨大。当李白看到有不学无术的纨绔子弟以及热衷于斗鸡走马之徒居然能够平步青云，自己却遭受嫉妒被排挤而无法施展抱负，不禁仰天长叹，悲愤呼号。

李白以"青天"难及来表现人生奋斗的艰难。在《蜀道难》中，开篇便以"噫吁嚱，危乎高哉！蜀道之难，难于上青天"直抒胸臆，并在全诗多次咏叹"蜀道之难，难于上青天"，回环往复，一咏三叹，惆怅之情令人扼腕相惜。

李白还以"青天"的意象来表现道家的自在逍遥，如"俱怀逸兴壮思飞，欲上青天揽明月"（《宣城谢朓楼饯别校书叔云》）。一派天真的李太白，曾被贺知章称为"谪仙人"，意思是被贬落到凡间的神仙。在杜甫的《饮中八仙歌》里，李白被形容为"天子呼来不上船，自称臣是酒中仙"。李白就像是初到人间、潇洒而不谙世事的仙人，在浑浑噩噩、磕磕绊绊的世俗中总是无路可走，似乎只有一跃而回归至青天之外才是李白的最终归宿。

"青天"就像是李白的遥远梦想，虽然它就在那里，但总是可望而不可即。在《登金陵凤凰台》中，李白又写到"青天"。

> 凤凰台上凤凰游，凤去台空江自流。
> 吴宫花草埋幽径，晋代衣冠成古丘。
> 三山半落青天外，二水中分白鹭洲。
> 总为浮云能蔽日，长安不见使人愁。

李白看到"三山半落青天外，二水中分白鹭洲"，慨叹朝代更迭，人世变幻，而自己空有一番志向却无所作为；他惆怅浮云蔽日，长安不见，未来难期。李白试问青天，青天却默默不语。"青天有月来几时，我今停杯一问之。人攀明月不可得，月行却与人相随。"（《把酒问月》）李白的这首诗还启发了后世的苏轼，后者写下了"明月几时有，把酒问青天"的千古名句。

李白在诗歌中塑造的"青天"意象，使其诗歌气势纵横、豪情万丈。读李白诗的感受，正如陆机在《文赋》里所写的那样："心懔懔以怀霜，志眇眇而临云"，"笼天地于形内，挫万物于笔端"，"观古今于须臾，抚四海于一瞬"。

◎ "青天"在宋以后喻指清官

"青天"，有"苍天在上，天理昭昭"的意思。中国能称得上是"青天"大老爷的，当属宋代著名的政治家和改革家包拯。包拯铁面无私，刚正不阿，又能体恤民情，为民请命，被百姓称为"包青天"。

明代政治家海瑞也被誉为"青天"。海瑞居官清廉，任职时屡次惩治贪官污吏、打击豪强，又疏浚河道、修筑水利工程、减

明　佚名　包文正公小像

轻税收等，深得民众的尊敬与爱戴，人称"海青天"。由此，自宋以来，"青天"一词已被广泛代指清官。

八　青牛：人类再造想象与创造想象的艺术成果

想象力是一种创造性的认识功能，有意的想象可分为再造想象和创造想象，是艺术家创作艺术作品的重要手段，也是人类创造一切神话故事的重要手段。例如，神兽青牛，就是这样被想象力创造出来的。

◎《山海经》最早记载青牛

青牛就是黑色毛的牛，其一指的是犀牛即"兕"，也有说是雌性的犀牛。

兕，这种动物应该在春秋时期就有了。《尔雅》："兕，似牛。"《论语》里面有一章讲季氏将伐颛臾，孔子的弟子冉有、季路见于孔子，向老师解释说他们劝不住季氏攻打颛臾，而孔子批评他们说："虎兕出于柙，龟玉毁于椟中，是谁之过与？"这里提到了兕，可见这兕是可以与老虎相提并论的猛兽，显然不是耕牛。

对兕的解释，《说文解字》："兕，如野牛而青，象形。"最早记载兕的长相的是《山海经·海内南经》，其中有这样的两段文字："兕在舜葬东，湘水南。其状如牛，苍黑，一角。"意思是，兕在帝舜墓葬的东面，在湘江的南岸。兕的形状很像一般的牛，但是通身是青黑色，而且只长着一只角。《史记·五帝本纪》记载："舜南巡崩于苍梧之野，葬于江南九嶷。"考虑到目前湖南永州有中国唯一的舜陵墓，且有湘江自南向北经过，看来古时的湖南永州一带曾经有犀牛出没。

相传，"兕，状如牛，苍黑，板角。逢天下将盛，而现世出"。可见，这个兕并不常见，是很稀罕的动物，只有盛世才会出现，而且是在百姓最为仰慕的舜帝的墓地附近出现。《山海经》把猛兽与"盛世"相关联，这就成为兕被后人奉为神兽、瑞兽的理论基础。及至今日，我们还能看到湖南茶陵一带有一座生铁铸成的一只角的犀牛雕塑，是用来镇河妖防洪水的。据茶陵县志记载，这座铁铸犀牛塑像建于南宋时期，距今已有近八百年的历史。

◎ 青牛与太上老君结成一对神搭档

对道教来说，青牛更是神一样的存在。道教尊老子为太上老君，那么太上老君和青牛又怎么联系起来了呢？

老子与青牛的记载可见于早期文献《列仙传》。西汉末年，刘向编写的《列仙传》将老子与青牛形象建立了最早期的联系。之后，道教"太上老君"与道家老子建立联系。早期道教实际由地方巫术发展而来，到了张道陵任上，吸收道家思想，改造道教，尊老子为"太上老君"。就这样，青牛随着老子地位的"提升"逐渐成了神兽。

综上所述，我们可以得出一个大致的脉络：青牛原本指猛兽犀牛——《山海经》最早记载青牛，并被传为盛世才会出现的瑞兽（神兽）——西汉刘向的《列仙传》把老子与拉车的青牛形象联系在一起并同时出现，而此牛毛色青黑，也叫青牛——道教建立后把道家的老子奉为道教的神仙"太上老君"——神仙"太上老君"

湖南茶陵铁犀牛塑像

需要神兽坐骑，此青牛（犀牛神兽）与彼青牛（老子的拉车牛）合而为一。于是，太上老君就与青牛结成了一对神仙搭档。

◎ **青牛等神兽或有助于修行**

其实，道教与青牛的直接联系也是存在的，两者的特质相似点主要在于"长生"。道教追求"得道修仙"，终极追求是长生不老，而神兽的长生不老可以彰显这种修行的效果。

诸多古书都记载了这些神乎其神的动物。例如，《山海经·海外西经》中多处谈到有一些妖怪有神力，只要骑到它身上就可以多活几千岁，如"有乘黄，其状如狐，其背上有角，乘之寿二千岁"。东晋葛洪《抱朴子》也是将青牛和其他一些代表长寿的动物（龟、鹤、蛇等）放在一起谈论的，所以骑青牛在传说中表达的就是"长生"的意思。葛洪在《神仙传》卷十中还谈到了一个叫封君达的仙人，他也是骑青牛的，道号"青牛居士"。

◎ 青牛兼具农耕时代特征与"顺应自然"的特性

青牛与老子的组合还成了后人对道教、道家进行想象的一种习惯性视觉形象。老子提倡道法自然，而牛是农耕时代的特征之一，农业最需要顺应自然；老子提倡一种无为、悠闲的生活态度，而牛正是一种行动慢悠悠的动物，给人的直观印象是很从容，无欲无求。从这两点上看，牛的形象和特性似乎也与老子的人生态度没有违和感。

◎ 青牛的艺术造型

在历代大部分关于老子的绘画作品中，老子常常是骑在牛背上，一副安之泰若、与世无争的模样。在大多数艺术作品里，青牛的形象并不是《山海经》里讲的神瑞之兽独角犀牛，而是有时是水牛的形象——两只角又长又弯，有时又是耕牛的形象。

在《西游记》原书里，太上老君的坐骑是神兽犀牛，并不是黑色毛的耕牛。《西游记》上说："独角参差，双眸幌亮。顶上粗皮突，耳根黑肉光……"这里说的是独角兕大王，也就是成了精的"兕"。这段描述倒是十分契合《山海经》里面对犀牛的记载。但是，在1986年版电视剧《西游记》里，导演将太上老君的坐骑变成了一头黑色的耕牛，顶着金光闪闪的两只角以凸显其为神兽。艺术作品加深了人们对青牛被神化的印象，而青牛形象的起源却被模糊处理了。因为，艺术家们更乐于去创造震撼人心的新形象，就像是创作出各种造型的美猴王、至尊宝一样。至于老子骑的青牛是水牛、耕牛还是犀牛，似乎已经不再重要。

元　颜辉　老子骑牛图

黑格尔在《美学》里曾这样谈艺术创作："艺术家创作所依靠的是生活的富裕。在艺术里不像在哲学里，创造的材料不是思想，而是现实的外在形象。所以艺术家必须置身于这种材料里，跟它建立亲切的关系；他应该看得多，听得多，而且记得多。"如此看来，看过、听过、记过的现实中的外在形象，就成为艺术家对抽象形象进行艺术创造所依靠的重要材料。

具体到青牛身上，就是思想家们负责把人们对生活中牛的表象、印象进行了分解综合、加工改造，概括出了一种崭新的青牛印象——它毛色苍黑，忠厚，从容，神瑞而益于长寿；艺术家们则通过再造想象，以绘画等艺术形象展现了思想家们想要塑造的抽象的青牛形象。艺术创作呼应了宗教主张、圣贤思想、民间愿望，也加强了思想和宗教的传播，使青牛的艺术形象流传开来并形成了人们的共识。

九　青鸟与青鸾

道教是在春秋战国时期神仙方术的基础上融入了道家的思想发展起来的。在奉老子为创始人，并把老子和庄子都拜为道教的神仙之后，道教发展成了中国本土的一个多神教的宗教种类。与此同时，有不少神兽通过道教的传播再造出来。由于道教的发展壮大，中国的神仙神兽也逐渐多起来，而青鸟和青鸾也是道教中常见的神兽之一。

"青鸟"原本是《山海经·西山经》卷二里记载的一种飞鸟，最早的说法是"三青鸟"。《山海经》："又西二百二十里，曰三危

南宋　佚名　仙女乘鸾图

之山，三青鸟居之。"后来，郭璞对"三青鸟"进行了解释："三青鸟主为西王母取食者，别自栖息于此山也。"据此，只要三青鸟一出现，就是来为西王母取食的，这也表明西王母已经来到附近。因此，"三青鸟"后来就成了信使的代名词，并被诗人简化为"青鸟"或以"青鸾"代之。

唐李商隐《无题》："蓬山此去无多路，青鸟殷勤为探看。"宋赵令畤《蝶恋花》："废寝忘餐思想遍。赖有青鸾，不必凭鱼雁。"清纳兰性德《月上海棠·中元塞外》："青鸾杳，碧天云海音绝。"

北宋 王诜（传） 绣栊晓镜图

这些诗词里的"青鸟"或"青鸾"都采用了《山海经》所描述的西王母的使者三青鸟的意思，将"青鸟"或者"青鸾"作为信使。

于是，将"青鸟"作为信使的代称已经成为世代诗人的习惯，而"青鸾"除了是神鸟、信使之外，还多了另一个指代的对象——铜镜。

"青鸾"作为铜镜的指代，来源于南朝的一部文献的记载。在《艺文类聚》卷九十里，南朝宋的范泰留下了一篇《鸾鸟诗序》，并记载了一个故事：相传，罽宾王结罝峻卯之山，获一鸾鸟，王甚爱之，欲其鸣而不致，乃饰以金樊，飨以珍馐，对之愈戚，三年不鸣。其夫人曰："尝闻鸟见其类而后鸣，何不悬镜以映之。"王听了夫人的话，用铜镜照这只鸟，鸾看到镜中的自己以为见到同类，遂悲鸣不已，哀响中霄，一奋而绝。

后来，有了"孤鸾照镜"的成语，人们便用"青鸾"来借指铜镜。例如，"妆台尘暗青鸾掩，宫树月明黄鸟啼"（明徐贲《上阳宫词》）、"侍儿扶傍妆台，懒把青鸾高照"（明汤三江《题唐玄宗还宫感旧·双调夜行船序》）、"青鸾不用羞孤影，开匣常如见故人"（清阮元《小沧浪笔谈》），都是用"青鸾"来代指铜镜。

十 青龙：中国古代四大神兽之一

我们常听到"左青龙，右白虎"的说法，这里"青龙"和"白虎"所处的位置指的是东方和西方。青龙，与白虎、朱雀、玄武被称为"天之四灵""以正四方"，其中青龙是主东方方位的。青龙被誉为四大神兽之一，也有人说青龙本身就是天神。

那么，青龙到底是什么呢？

◎ 天神说

天神说主要来源于西汉时期的典籍《淮南子》。《淮南子》所记载的青龙地位十分尊贵，"天神之贵者，莫贵于青龙，……青龙所居，不可背之……天地以设……四维乃通，或死或生，万物乃成"。在这里，青龙被记述为创造天地万物的天神。另，据《白虎通义》记载："其神句芒者，物之始生，其精青龙。"

◎ 神兽说

神兽的说法主要来自《山海经》。在《山海经》中，描绘的龙是神仙们用来骑乘的神兽，如"南方祝融，兽身人面，乘两龙""西方蓐收，左耳有蛇，乘两龙""东方勾芒，鸟身人面，乘两龙""北方禺彊，人面鸟身，珥两青蛇，践两青蛇"。

在道教兴盛以后，青龙的形象进入了道教神仙瑞兽的行列。《抱朴子·杂应》里描绘太上老君出场的形象十分威武，说太上老君"左有十二青龙，右有二十六白虎，前有二十四朱雀，后有七十二玄武"。为了渲染神仙出场的不俗气氛，提高宗教的吸引力和震慑力，道教中的各路主要神仙出场都阵势十足。

◎ 星宿说

青龙也被称为"苍龙"，而"苍龙"一说或最早来源于古人对星宿的观测，是古人星宿崇拜的产物。在黄道附近观察天空，先人们将东方七大星宿组合，想象成为龙的形象，然后按阴阳五行给五个方向配色。根据东方属木为青色，故为"青龙"，也叫"苍龙"。

古人观测天象时把星空划分为二十八星宿，而"二十八星宿"的提法最早见于《周礼》。《周礼》的《春官》《秋官》都提到了"二十八星宿"，但具体星宿名字未提。《尚书》里只记载了"火、虚、昴、鸟"四大星宿，直至汉司马迁写《史记》时才将"二十八星宿"名称归纳完整。

其实，每个星宿都只是多个庞大星座的主体代表，如"东方七宿"实际上包含了四十六个星座，而归纳为"北方七宿"的整整有六十五个星座。古人观察这些星宿的位置可以找到天体运行的坐标，不仅可以用其测定季节变化，还能用来对农业、政事、军事、人事的吉凶进行预测，所以在古代生活里观星是极为重要的活动。[1]

在这其中，被归为东方星空的"东方七宿"，也被称为"东方苍龙"。"东方苍龙"包含的七大星宿分别为"角、亢、氐、房、心、尾、箕"。其中，角宿，又名辰角，是东方苍龙的头部，故称角；亢宿，在角宿的东边，而角宿既然是龙头，那么亢宿可被比喻为龙的脖子；氐宿，又名天根，包含十一个星座，按照《石氏星经》的说法这一星宿的天乳星恰好位于"东方苍龙"的胸部；房、心、尾三星宿被称为"大辰"，其中"尾九星"形成于"东方苍龙"的尾部；箕宿，在龙尾末梢。这样，一条盘桓于夜空中的"苍龙"就栩栩如生了。

《国语·周语中》有一篇《单襄公论陈必亡》，里面记录了单襄公与周王的一段对话，其中单襄公提到"夫辰角见而雨毕，天根见

---

[1] 丁帛孙:《中国古代天文历法基础知识》，天津古籍出版社，1989年，第53页。

而水涸"。韦昭注为"辰角，大辰苍龙之角。角，星名也"。《史记·天官书》记载了"东宫苍龙，房、心"，《左传》也有"龙尾伏辰"的记录。

在《周易》中，整个星空八卦的四正方位分别为：东方青龙属震卦（☳）、西方白虎属兑卦（☱）、南方朱雀属离卦（☲）、北方玄武属坎卦（☵）。因此，提起青龙，也可指震卦。

◎ 被道教形象化、人格化的青龙

道教不但吸收了老庄加入神仙行列，也吸收了各大星宿的守护神，并将他们进一步形象化。据《北极七元紫延秘诀》记载，青龙被赋予了一个很接地气的名字——"孟章神君"。在《太上

南宋　陈容　五龙图

元始天尊说北帝伏魔神咒妙经》里，也直接写"左青龙，名孟章。卯文"。及至《道门通教必用集》，青龙被描绘得更加具体、生动，简直活灵活现，云："东方龙角亢之精，吐云郁气，喊雷发声，飞翔八极，周游四冥，来立吾左。"

十一 东方之神"青帝"

青帝，在先秦时期最早是主管祭祀的神。在中国古代神话中，青帝是五帝之中负责掌管东方的神。青帝亦称"苍帝"，或者被称为"木帝"。"苍"，也是青的意思；"木"，与《山海经》记载的木精相关。"青帝"，在五行中对应木，在季节中对应春天，在五色中则对应青色。

古代帝王及宗庙所祭祀的主要对象之一也是青帝。青帝居东方，摄青龙，是四方之神之一。四方之神，是指东方青帝太皞、南方赤帝炎帝、西方白帝少皞、北方黑帝颛顼。其中，青帝是东方之神，主宰春天及百花。

成书于汉代的《尚书纬》记载了"春为东帝，又为青帝"，而唐末农民起义领袖黄巢的《题菊花》诗有"他年我若为青帝，报与桃花一处开"的句子。可见，在汉唐时期，青帝是掌管春天的神仙的说法已经被普遍认可了。

周朝，秦襄公西迁建国，祭祀的是西方之神白帝。但是，从秦宣公开始，祭祀的是东方之神青帝。从周末到秦朝及汉初，主要祭祀的是青帝、炎帝、黄帝、白帝四位最高主神。到汉高祖刘邦时，又加祭黑帝。到汉武帝时，最高主神就换成了太一，而青帝等五位天帝的地位出现了下滑，从最高主神降为了配祀神。

由于青帝位属东方，因此通常在东岳泰山得到祭祀。泰山脚下有青帝观，泰山顶上还建有青帝宫。在隋文帝东巡时，曾经于泰山脚下的青帝观处设坛祭祀青帝。到了宋真宗时期，真宗去泰山祭祀时顺便给青帝起了另一个名号——"广生帝君"，并镌刻碑记赞颂泰山兼赞美青帝，碑上写着："节彼岱宗，奠兹东土，生育之地，灵仙之府。"

十二　被误会的"青帮"

查找《现代汉语词典》，"青帮"词条给出的解释是："帮会的一种，最初参加的人多半以漕运为职业，在长江南北的大中城市里活动。后来，由于组成成员复杂，为首的人勾结官府，变成反动统治阶级的爪牙。"可见，"青帮"一词是晚近时期才有的，并被赋予了明显的贬义。

"青帮"之"青"，最初并非来源于颜色，但最终以颜色命名却是有一段历史渊源的。实际上，这段发展历程是"青帮"之"青"被误用的过程。

蒿峰在《青帮浅论》一文中指出，"青帮，又称清帮、安清帮、安清道友，中国近世民间秘密组织之一"。[1] 清朝承接明朝的漕运制度，每年都从江南各省通过运河把粮食运到北京。为了护送、承运这些官粮，官府雇用了大量的水手、舵工、纤夫。康熙至乾

---

[1] 蒿峰：《青帮浅论》，《民俗学研究》1988 年第 3 期，第 28 页。

元　王振鹏（传）　金明池争标图

隆年间，漕运十分兴旺发达。

　　道光五年（1825）以前，由于漕运兴盛，漕工队伍不断壮大，各帮组织日趋严密，势力大涨，开始有能力与官府争利并私收银两。直至道光五年，黄河决口这一自然灾害改变了漕工的命运。官府运粮改为海运，漕运一下子变得不景气，各帮漕工几乎都失去了饭碗，无以为生，无所事事，有的解散，有的聚众行抢掠之事。于是，原来的"安清帮"各派拉起了山头，以偷税、贩盐、敲诈、勒索、收保护费为主要营生，形成了黑社会组织，并与以

"反清复明"大业为己任的洪门派形成了鲜明对比。当时，洪门派之"洪"与"红"同音，故被称为"红帮"，而源于"安清帮"的各派便被谐音称为"青帮"。

青帮内部有一秘籍叫《通漕》，其中关于"青帮"起源有"康熙说"和"雍正说"两种：一是"康熙说"，是康熙年间翁、钱、潘三位义士受了皇帝圣旨，领运通漕，名为"安清帮"；二是"雍正说"，亦提到了"人赖以安，固定帮名曰'安清'"。不过，更早的资料显示，"安清帮"也不是这个组织的第一个名字，其源头是"安庆帮"。

由此可见，青帮原为"安庆帮"，谐音"安清帮"，而"清"与"青"又同音，这才产生了青帮的说法。这个青帮与"青"这种颜色并无瓜葛。到了清朝中后期，"青帮"一词就完全取代了其他名字，成了尽人皆知的黑社会组织的代称。

或许是为了呼应人们对"青帮"的称呼，"青"的特点也渐渐地在青帮中显露出来：当时，上海的黑社会成员会剃寸头露出乌青脑袋，还会为表现叛逆和威武在手臂上施以各种刺青。这些看似互不相干的"青"，越发让"青帮"有了新的寓意——黑社会组织。

十三 丹青

丹青，本义是指能够提炼红、青两种颜料的矿物质。其中，丹指朱砂，青指青腊，都是古代画画用的矿物质颜料。朱砂的粉末呈红色，青腊的粉末呈青色，就是现在石青类的颜色。朱砂和青腊这两种颜料都来自矿石，画出的画可以经久不褪色，不像植物性颜料那样不稳定。据《周礼·秋官·职金》记载："掌凡金玉锡石丹青之戒令。"这是中国古代文献里首次提到丹青。

由于中国古代绘画常用朱砂和青色两种颜色，后来"丹青"就成了绘画艺术的代称。以丹青表示绘画，是中国古代最常见的用法。例如，杜甫《丹青引》："丹青不知老将至，富贵于我如浮云。"《晋书·顾恺之传》："尤善丹青。"这里的"丹青"都是指绘画。

李白《于阗采花》："丹青能令丑者妍，无盐翻在深宫里。"这里的"丹青"一词代指画师。这首诗写的是王昭君的故事，意思是宫中的画师能把丑女画成美女，让丑女无盐也能选入宫中，但王昭君因为画师的刁难而被画成了丑女，没能选在君王之侧。李白写作此诗，以明妃的遭遇自况。又如，三国时期曹丕《与孟达书》："故丹青画其形容，良史载其功勋。"这里也用"丹青"来直接代指画家本身，其中"丹青"与"良史"相对。明徐渭《为杭人题画》诗云："无端士女如云集，也要丹青费笔描。"这首诗里的"丹青"指的也是画师。

在宋朝，"丹青"不但是绘画和画师的代称，而且还是史书的代称。究其原因，应该是以朱砂与石青两种颜料绘画可历经千年不褪色的特性，而这种特性与人们对史册的期待是一致的，立功立德，彪炳史册，光辉永存。例如，文天祥《正气歌》："时穷节乃见，一一垂丹青。"此处的"丹青"即为史册的意思。

后来，清钱谦益在《刑科给事中薛大中授征仕郎》

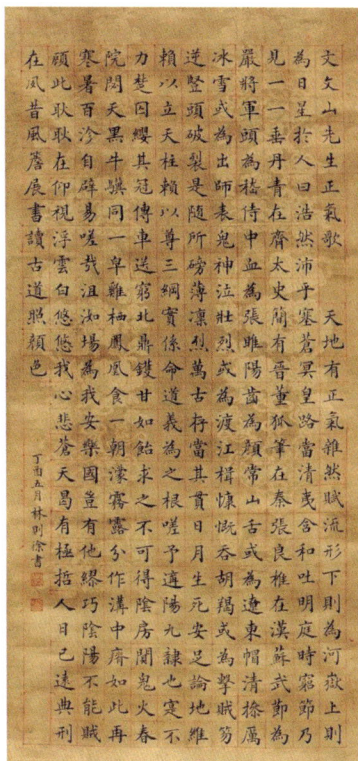

清　林则徐书　文天祥《正气歌》

中写道："在昔三原，粤有前哲，奏牍流播，炳若丹青。"清末民初的秋瑾在《精卫石》残稿中表明志向："不思名誉扬中外，不思勋业染丹青。"这些诗文里的"丹青"也都是史册的意思。

第三章

中国古代哲学思想对青色文化的浸润

在中国古代思想史的浩瀚长河中，不仅产生了很多本土学派并相互影响，也在不断地吸收外来文化，真有一番"星河欲转千帆舞"（宋李清照《渔家傲》）的壮观景象。

其中，儒释道三家既能独树一帜，又能合力互补共同应用于社会的基本需求，为中国社会的基本格局提供了最为充足的养分。楼宇烈先生曾在《中国文化的根本精神》里写道："儒释道三家鼎足而立的格局一直延续到 19 世纪末，甚至 20 世纪初，历时一千六百年。"[1]

与此同时，中国人的色彩观也深刻地受到了儒释道这三种思想的影响，而青色也不例外。在儒释道三家思想的分别作用下，青色的社会应用和文化寓意都得到了前所未有的丰富和发展。

这种影响，有的是对中国艺术精神的哲学美学层面上的根本性影响，有的则是对某种社会实践的具体影响，如对百姓日常生活或艺术创作的具体影响。

其中，魏晋玄学对于青色的影响是巨大的，没有任何一种其他色彩受到的影响可以与之相提并论。

魏晋的玄学家们在中国哲学思想中的贡献和作用，既有继承又有革新，但又不彻底。正是在魏晋那个特定的历史背景下，玄学家们担负起了一个重要的历史使命——质疑了儒家，重振了道家，引入了佛家，他们实在是中国思想史上功不可没的一群人。

同时，玄学家们对"青色"的文化寓意的丰富，更是做出了

---

[1] 楼宇烈:《中国文化的根本精神》，中华书局，2016 年。

重要贡献，甚至起到了引领千年风尚的作用。

那么，我们就看看这几家思想是如何影响青色的吧。

一 青色与道家及道教

道家与道教都曾作用于青色，赋予青色以更为丰富的文化符号含义。其不同之处在于：道家对青色的文化寓意影响主要是宏观的、哲学美学层面的影响，而道教对青色文化寓意的影响主要是这种宗教信仰所带来的对服饰、器物等的审美影响。

◎ 道教比道家晚了六百多年

道家是以老子、庄子为代表的中国哲学思想。道教吸收了老庄思想，形成了以得道修仙、养生治病、长生不死为特点的中国本土宗教。

道家思想出现于春秋时期，而道教产生于东汉末年，在时间上道教的产生比道家思想晚了六百多年。道教是"道"和"术"相结合的产物，而从历史发展来看，"道"与"术"二者之间出现的先后顺序应当是先有巫术后奉道家之经典。

"道教"一词的出现应该是在东汉后期。当时，神仙方术开始以"黄老道家"思想为底蕴，吸收了包括儒家在内的多种思想，从而创新出了"道教"一词。但是，这个时期"道教"并不是一个专属的概念，而是直到六朝时期才被"追认"的。

经历了《太平经》构建的以救世、度世为本的道术体系，到"五斗米道"的创始人张陵以《老子想尔注》为基本经典进行道

明　文徵明　老子像

教改革，"道教"的概念才逐渐清晰起来并变得有模有样了。

◎ "张天师"整合了道教

这位"五斗米道"的创始人张陵，也作张道陵，就是如今在电视剧当中经常出现的画符捉鬼的"张天师"的原型。实际上，"张天师"是约定俗成的叫法，并非特指某个人。

张陵对道教进行了改革：一是尊《道德经》为本，并以此经来为巫术提供理论支撑；二是规定最高等级的神，以改变之前民间巫术随意供神的混乱状态；三是最高的神被确定为"太上老君"。

后世一般把道家的发展阶段分为：先秦老庄道家、秦汉黄老道家和魏晋玄学道家。其中，黄老道家正是道教酝酿期的一个阶段。在汉朝，汉武帝的祖母（窦太后）一心信奉黄老道家，可汉武帝不信，于是导致了实际的皇权之争。为了统一思想，巩固皇权，汉武帝令董仲舒推行"罢黜百家，独尊儒术"的政策，使黄老道家失去了进入中央统治体系的可能。

最后，黄老道家流向民间，与巫术、方术相结合，形成了一个道术合一的全新的思想体系，最终形成了一种宗教形态——道教。

到了南北朝时期，当时的道家、道教又从整体上分为三个层面：一是以《道德经》为根本的哲学思想；二是以追求长生修仙为主的神仙方术；三是以符箓禁咒为主的五斗米道之类的巫神道教。由此可以看出，在这三个层面上，只有第一个层面是"道"，后面的两个层面实际上是"术"。

在魏晋以后，道家实际上只是一个历史名词，已经没有什么重要的代表人物了。可以说，魏晋以后道家已不复存在，道家已被道教取而代之了。

◎ "老子骑青牛"如何被推上历史舞台

前文述及道家和道教，无非是想清晰呈现它们对青色的影响到底是前者还是后者施与的，因为第一个与青色有关的形象就是老子骑的青牛。

老子被神化，最早见于《列仙传》。这部书的作者至今仍有争议，有的学者说是东汉的，也有说是魏晋的。

《列仙传》里面记录了老子出关的过程："后周德衰，乃乘青牛车去。入大秦，过西关。关令尹喜待而迎之，知真人也。乃强使著书，作《道德经》上下二卷。"这里面写的是"乘青牛车"，并非像后世画家画的那样直接骑在牛背上。

《史记·老子韩非列传》将老子出关事记录为："于是老子乃著书上下篇，言道德之意五千余言而去，莫知其所终。"后来，司马贞为《史记》作索隐，又引汉刘向《列仙传》注曰："老子西游，关令尹喜望见有紫气浮关，而老子果乘青牛而过也。"

由此可以看到，《列仙传》里写的明明是"乘青牛车"，而司马贞作索隐直接说老子"乘青牛"而舍去了"车"字，也就是说青牛拉车的人间俗事变成了老子像是牧童或者神仙那样直接骑在了青牛背上，使青牛成了老子的坐骑。同时，道教为了将老子神化，又赋予此青牛以神瑞之相。于是，老子和青牛就这样都被神化了。

与此同时，艺术家们也来凑热闹。当然，无论中外，宗教传播都需要艺术的呈现，而宗教题材也为艺术家们提供了源源不断

清　高其佩　牛背诵经图

的创作资源。于是，画家们在呈现"老子出关图""紫气东来图"的时候都径直让老子骑在青牛背上，显现出一副怡然自得的样子。后来，"老子骑青牛"便成了普遍认可的形象，以此为主题的绘画以及雕塑作品历代层出不穷。

老子与青牛的组合，在宗教传播和艺术创造的推动下不断得到强化，而老子是否真的骑了苍青色的牛已经不重要了。因为，人们后来赋予青牛的文化寓意已经远远多过当时的实际情况。在道教改造了道家，把老子奉为天尊、太上老君之后，青牛也被同时赋予了道家精神的象征和宗教神兽的光环。

◎　祭祀之牛的毛色

在古代，牛的命运会因为毛色和体形的关系而大不相同。至于牛的毛色，可能决定着牛能否做祭品、够不够神圣之类。

在《论语》里，孔子曾经对仲弓说过一句话："犁牛之子骍且角，虽欲勿用，山川其舍诸？"意思是，普通耕牛生出的小牛犊长着橘红的毛皮，两角生得非常整齐，虽然暂时还不能用来当作祭品，但是山川之神难道会舍弃它不用吗？可见，在周朝，橘红色毛皮的牛是可以用作祭品的。这里，孔子是在鼓励出身贫贱的仲弓不要对自己的出身有思想包袱，即虽然你父亲身份低微，但是仲弓你就像那只红色皮毛的小牛犊一样，只要自己提高品德修养，将来亦可堪大用啊。

《礼记》的记述也佐证了孔子的话。《礼记·郊特牲》里记载冬至时候祭天，"郊之祭也，迎长日之至也，大报天而主日也。……牲用骍，尚赤也。用犊，贵诚也"。说的是牲畜只用牛犊，

唐　韩滉　五牛图（局部）

贵在有诚意。用赤色的牛，有崇尚红色的意思。《礼记·祭法第二十三》云："燔柴于泰坛，祭天也；瘗埋于泰折，祭地也；用骍犊。"说的也是祭天地要用红色的小牛。

那么，青色的牛是否不可用于祭祀呢？

《左传》里涉及春秋时期的祭祀并没有提到具体用什么颜色的牛，但提到了要用什么样的牲畜来祭。《左传·桓公六年》提到祭祀的牲畜"牷牷肥腯""博硕肥腯"，就是牛要纯色毛，不能有杂色，还要肥壮健美无病。《礼记正义·郊特牲》："《周礼》苍璧礼天，牲从玉色，是牲不同也。"如果祭祀的时候玉用的是苍色（青色），则牛也应当用苍色。由文献可知，无论是红色的牛还是苍色的牛，只要用于祭祀，那就必须要毛色纯正。虽然赤牛是祭天地的普遍首选，但青色没有杂毛的牛也可以被用来作为祭品，因为青牛与苍玉色相似。

◎ 道家与道教中青牛的寓意

由上文可见，青牛在人间祭祀中的地位远远不如它在道教中的地位。在道教中，由于青牛的"青"字已经不仅仅实指牛的毛色本身，青牛的象征意义被赋予到了极致。由于道教与道家有承续关系，我们不妨放在一起分析：

其一，"青"有东方、初始、自然、萌发的寓意。青色不但寓意东方，还有一个很重要的含义就是初始、萌发，万物生长变化的开始。这种颜色的寓意与"道生一，一生二，二生三，三生万物"的道家思想有同质相似之处，因而也最能代表与东方、春天、初始、自然相关的寓意。

元 郭敏 牧牛图

其二，青牛具有作为神兽的基础，符合道教宣传的需要。上文我们曾提到过，为提升教派对民众的吸引力，宗教有赋予某人或某种动物以神性的需求。《辞海》释"青牛"义项中亦有"千年木精所变之牛"，是超级长寿的象征。

道教信徒的终极追求是得道修仙、长生不老，因而人世间所能见到的长寿的、安静的、闲逸的动物都可能被道教借用。晋代葛洪的《抱朴子》就是将青牛和龟、鹤、蛇等代表长寿的动物放在一起谈论。所以，"骑青牛"可以传达出"长生""成仙"的意思。葛洪在《神仙传》中还谈到了一个"青牛居士"，也是乘青牛的仙人道长。

其三，牛这种动物的个性也比较符合道家主张。道教与道家有一定程度的承续关系，道家不争、无为的主张似乎在牛这种动物身上可以形象地体现出来。牛的特性总体来讲比较温顺隐忍，因此牛的形象在道家和道教的传播过程中成了一种意象符号。

《周易》云："天行健，君子以自强不息；地势坤，君子以厚德载物。"这是乾、坤两卦所代表的主旨精神。在现实生活中，人们通常寻找身边可见的东西来象征这种抽象的精神。例如，以马来比喻乾卦的自强不息，更合乎积极入世进取的儒家精神，而以牛来比喻坤卦的厚德载物，正是借用了牛所拥有的温和顺从、忍辱负重的特点。道家主张"见素抱朴，少私寡欲""不敢为天下先""以天下之至柔，驰骋乎天下之至刚""知其雄，守其雌，为天下溪；知其白，守其黑，为天下谷"，这些主张被融入道教之后也在神兽青牛身上表达了出来。

综上所述，青牛的文化寓意既受到了道家思想的影响，也受到了道教传教的推动。在两方面的推动下，青牛已然成为道家或道教的显性意象，并得到了普遍的认同。

◎ 神仙扎堆的《太平广记》

如果要更多了解道教与"青色"的关系，则离不开描写道教神仙方士最多的古代文言小说的总汇《太平广记》。在此书中，我们可以看出"青"与道教关系十分密切。

《太平广记》，宋人李昉、扈蒙等人编写，全书按题材一共分为92类，包含150余卷细目。其中，从第1卷到第55卷全部写的是神仙，接下来是女仙15卷、道术和方士又有10卷。在这些篇章里，涉及穿青色服饰的有30处，涉及青色器物的有9处。

例如，《汉武帝内传》有一段这样的记载："忽见一女子，着青衣，美丽非常"，"并是女子，年皆十八九许，形容明逸，多服青衣，光彩耀目，真灵官也"。其中，《左慈》里记载"着青葛巾青单衣"，《西王母》里则记载"青琳之宇。空青万条……朱紫之房"。

另外，"青城山"也多次出现在《太平广记》里。青城山是著名的道教名山，在四川成都附近，自东汉时期就是修道的圣地，至今已有两千多年。之前提到的"张天师"张陵，他就是到青城山传道，《茅君传》云："青城是第五洞九仙宝室之天，周回二千里，十洞天之一也，入山十里得至焉。"由此可见，"青城"或"青城山"都是个神仙去处。

◎ 道服——文人与道士的日常穿着

在服饰的设定上，道教也为青色赋予了新的含义。

服饰既是人的文化表征，也是社会文化的体现方式，具有鲜明的社会性，不仅反映了所处时代的人们的思想感情的总趋势，而且也反映了风俗、文化、宗教、经济、科技等社会状况的各个方面。[1]

宋朱熹云："蒙童之学，始于衣服冠履。"[2]道教服装亦如是。参与编修《一切道经音义》的唐代道士张万福，在《三洞法服科戒文》中这样记载："衣服者，身之章也。随其秉受品次不同，各有科仪，凡有九等。"[3]张万福还明确提出了"暂假衣服，随机设教"的观点，"上圣无形，实不资衣服，但应迹人间，而有衣服"。[4]

道服原为道士专用的服饰，分为法服和常服两类。其中，法服是举行道教仪式的时候穿着的，常服是日常穿着的，两者有较为明显的区别。[5]法服构造繁复，配饰复杂，质地好，做工精细，颜色和配饰都显得十分华丽。道教以黄色为中央之色，为正色，因此在明以前，道教内部规定将道服颜色设定为黄色，同时也规定"年法小，为下座者，勿着紫"。[6]因为，紫色的法服被视为道

---

[1] 李裴：《隋、唐、五代道教美学思想研究》，四川大学博士学位论文，2003 年。

[2] 沈从文：《中国古代服饰研究》，上海书店出版社，2002 年，第 260—261 页。

[3] 《三洞法服科戒文》，《道藏》第 18 册，第 228 页。

[4] 同上书，第 229 页。

[5] 陈耀庭：《道教礼仪》，宗教文化出版社，2003 年，第 239—385 页。

[6] 《洞玄灵宝道学科仪》卷上《制法服品》。

南宋　刘松年（传）　瑶池献寿图

北宋　李公麟（传）　为霖图

行高深具备大德之人才能穿着，一般的道士和俗人是不能穿紫色道服的。

道教上清派也给出了具体的规定："凡修上清道经《大洞真经三十九章》，入室之日，当身冠法服，作鹿皮之巾，葛巾亦可；当披鹿皮之帔，无有，紫青可用。当以紫为衣，青为里。"[1] 对道教徒服装的颜色和款式规定得非常详细。

宋代文人程公许有诗《梦李白》云："仙姑紫绮裘，飞步白玉京。"可见，修行到高等级的道士在秋冬寒冷季节的法服是紫裘，如果没有鹿皮裘服，就要披上紫色面、青色里子的巾帔。当然，这里的青色只是道服的配色。

道士的常服却比较简朴，有时甚至是粗布料子，做工也可以说是粗糙。例如，道士吕洞宾的打扮是"系青结巾，黄道服，皂绦，草履，手持棕笠，自题曰知命先生"。[2] 这里吕洞宾穿的道服是黄色的，但结巾是青色的，系上黑色的绦子，穿的是草鞋，戴的是棕色斗笠。可见，吕洞宾结巾的青色也只是整套道服的配色。在《宣和遗事》中，也记载了道服是"青布幅巾"。[3]

到了北宋时期，文人士大夫也受道教感染，热衷于穿道服。由于朝服的体制和形式是儒家思想的直接表达，而道服与道家思想息息相关，所以很多文人即便不信道教也愿意穿上道服，以追求一种与严格等级的官场生活相对的自由生活。[4]

---

[1]《无上秘要》卷三十四《上清道士法服》。

[2] 陈鹄：《西塘集耆旧续闻》。

[3] 沈从文：《中国古代服饰研究》，上海书店出版社，2002 年，第 420 页。

[4] 周锡保：《中国古代服饰史》，中央编译出版社，2011 年，第 313 页。

另外，在任的官员们在不上朝的时候也常常穿道服，如居家或游玩等闲暇时候，而常常穿道服就像是穿家居服、生活装一样随意。已经谢官致仕的人还可以一直穿着道服，干脆以道服当作便服了[1]。

有趣的是，北宋时期的文人士大夫穿道服也很有个性。有的不肯搭配道教的固定配饰，如北宋李公麟所作的《西园雅集图》中画了苏轼穿道服，但苏轼只穿黄色道服，头戴乌帽，并不戴道冠。欧阳修也常穿道服，戴华阳巾，却从未穿过道履。黄庭坚甚至用椰子壳做道冠送人当礼物，他在《以椰子小冠送子予》诗里写道："有核如匏可雕琢，道装宜作玉人冠。"

还有的是自己设计款式，选定颜色，如南宋的王明清认为道服"须异于俗人者乃佳"，就独树一帜亲自找匠人实验、印染，最终设计了一款褐色的道服，并命名为"山谷褐"。当时，这是一件不得了的事，因为后来数十年间人们都争相效仿，"几遍国中矣"[2]。就这样，文人间以穿道服为时尚，道服被文人们玩成了时尚。

但奇怪的是，原本以黄色、褐色为正统颜色的道服，到了明朝却突然变成了青色。这是为什么呢？

◎ 青色的道服

道服变色，根本原因在于一个人——朱元璋。

---

[1] 张振谦：《北宋文人士大夫穿道服现象论析》，《世界宗教研究》2010 年第 4 期。

[2] 王明清：《挥麈录·后录》卷十一，中华书局，1961 年，第 216 页。

北宋　李公麟　西园雅集图（局部）

　　为了巩固统治，洪武元年（1368）二月，明太祖朱元璋亲自参与制定明代的服饰制度，上到皇帝贵族，下至平民百姓、僧道、乐妓，所有的服饰皆由太祖钦定，悉命复衣冠如唐制，力图推翻元朝着装的胡俗，以恢复中国之旧貌。

　　在《大明会典》卷十一和《明史·舆服志三》里，记载了关于道士服装的规定："道士，常服青；法服、朝衣皆赤；道官亦如之。"[1]（注：中华书局版《明史·舆服志三》第1656页，原文"道士，常服青法服，朝衣皆赤"疑似断句有误，应为"道士，常服青；法服、朝衣，皆赤"。）

---

[1]《明史·舆服志三》，第1656页。

140

　　在洪武十五年（1382），明朝设定了僧、道二司，专门管理僧道事务。道士的日常服装颜色在中央层面的管控下变成了青色，道士做法事的礼服则被规定为红色。在此后五百多年中，中国人对青色的认知里面就多了一个意义，那就是把那些青色的宽大直筒的长衣都称作"道袍"。

　　在道家与道教的合力作用下，除了官服通过色彩区分等级之外，民间的传统服饰也有了内容与形式的区分，而颜色成了区分阶层、区分职业甚至区分信仰的因素之一。由于道家和道教的参与，青色的寓意也被打上了道士的烙印。

二 青色与儒家：礼制的色彩观与官场文人的青衫情结

孔子曰："恶紫之夺朱也，恶郑声之乱雅乐也。"这是原始儒家对色彩做出的最为激烈的好恶评判，而这些判断都是在礼的框架下进行的。

沈从文曾经分析服饰在人类社会中的作用，认为服饰在中国古代社会占有十分重要的地位，除了其本身具有御寒、审美等作用外，传统观念还把它看作"礼仪"的一部分。[1]正是在儒家的礼教之下，中国的服装色彩也被赋予了更多的含义。其中，青色纳入官服的过程就是一个受儒家思想影响的过程。

先秦原始儒家的代表是孔子、孟子和荀子。楼宇烈先生曾指出，原始儒家思想的特点是提出一个理想的社会和对应这个理想社会的理想人格，并规定了许多具体的道德规范。[2]孔子创立儒学的时代，正是周天子地位下降、诸侯国地位上升的时候。当时，孔子目睹了"乱哄哄，你方唱罢我登场"的混乱局面，充满了忧虑和愤懑。

在原本的礼制秩序中，周天子至高无上，诸侯都是从属地位，只能享有比天子低的礼仪。但是，到了春秋末年，却变成了一个"礼崩乐坏"的时代，即西周分封制的等级秩序被打破了。天子本为国君，诸侯本为臣子，士大夫本为诸侯之臣，但作为天子之臣的诸侯却架空了天子，作为诸侯之臣的士大夫则架空了诸侯。

[1] 沈从文：《中国古代服饰研究》，上海书店出版社，2002年，第260—261页。
[2] 楼宇烈：《中国的品格》，四川人民出版社，2015年，第93页。

所以，在《论语·季氏篇》里，孔子曰："天下有道，则礼乐征伐自天子出；天下无道，则礼乐征伐自诸侯出。自诸侯出，盖十世希不失矣；自大夫出，五世希不失矣；陪臣执国命，三世希不失矣。天下有道，则政不在大夫；天下有道，则庶人不议。"对此，孔子无比愤懑。

春秋末年，诸侯们、大夫们、陪臣们都可以凭借自己不断增长的实力去践踏礼制。例如，《论语·八佾篇》里面提到"八佾舞于庭，是可忍也，孰不可忍也"，即季氏在其家庙以八佾舞者祭祀，让孔子怒不可遏。古代，一佾是 8 人，八佾就是 64 人。根据《周礼》规定，只有周天子才可以使用八佾，诸侯可以用六佾，卿大夫用四佾，士用二佾。鲁国的季氏是正卿，只能用四佾舞者，但他不仅跨过了诸侯的权限，甚至直接按天子使用的规模安排了一场祭祀。

那么，面对这样的一个混乱的、"礼崩乐坏"的状态，孔子想出了一个办法来恢复秩序，而这个办法就是"克己复礼"。

"克己"，就是约束自己的欲望。要明白自己所处的等级地位，进而明白自己所属的这个地位应当实行怎样的礼仪规范，不能去奢求那些不属于自己地位等级的待遇，凡事不能僭越。

"复礼"，就是恢复原来尊崇周天子的礼制，要求各路诸侯们都自觉地恢复周礼和维护周礼，共同维护周天子的地位和尊严。"克己复礼为仁"，只有这样做了，才能做到"仁"。[1]

儒家因崇尚礼制要构建一个理想的社会秩序，进而就对中

---

[1] 楼宇烈：《中国的品格》，四川人民出版社，2015 年，第 94 页。

唐　孙位　高逸图

国社会生活的方方面面都给予了道德规范和礼仪规范。正因如此，中国传统服饰，尤其是官方礼服的颜色设定，也具有了深刻的等级含义和道德意义。

儒家首先在统治阶级内部确定等级，其中一项重要的工作就是在官服上做文章，而色彩成为区分等级的关键要素之一。

在前文讲述"青衣"一节时提到，北周时期开始出现"品色衣"，到了隋朝时期官服的颜色从五色当中选取了红色和青色两种正色，而不再使用黑、白、黄三种颜色，因为黑、白两色已经成为祭服的颜色。在隋朝以后，官服的颜色排序基本为紫、绯、青、绿，青色和绿色成了较低职位的官员的官服颜色。

在儒家思想的指导下，官服颜色等级被确定下来后，虽然颜色一直有所变化，但是青色被固定为官服序列里的一种颜色的做法一直延续了一千多年，直到清朝时期，青色力排其他诸

色，正式成为清代所有官服的颜色，官阶的大小开始以补片图案来区分。

儒家在"被统治阶级"内部也会用服饰来区分等级。那些婢女、仆人、低等官吏等被称为"青衣"，那些还没有出仕但前途无量的书生被称为白衣卿相、一品白衫，而那些被贬了官的文人则穿青衫。在前文解析"青衫"一词时提到，青衫对于被贬谪的文人而言是对彼时身份的自哀自怜。后世，文人们也清晰地记住了白居易的那句"座中泣下谁最多，江州司马青衫湿"，仿佛说的就是他们自己的境遇。

三　青色与魏晋玄学：首创山水诗与青瓷成风尚

宗白华说："汉末魏晋六朝是中国政治上最混乱、社会上最痛苦的时代，然而却是精神上极自由、极解放，最富于智慧、最浓于热情的时代，因此也就是最富有艺术精神的时代。"[1]

汉武帝时期，开始推行董仲舒的"罢黜百家、独尊儒术"，就此儒家思想占据了统治地位。然而，随着大汉帝国的崩溃瓦解，人们对儒家思想出现了信仰危机，这一剧变也引发了民众社会心理的巨大变化。儒家学派的信仰危机出现以后，已经取得独立发展的世家大族的士人们开始了对人生意义的重新探求，这就把魏晋时期的思想引向了玄学。

玄学是以老庄思想为主要思想来源，以清谈为主要的表现形式。

玄学吸收了道家精神，所讨论的问题也都是来自《周易》《老子》《庄子》等经典学说。玄学研究的是宇宙人生的哲理，并以讲究修辞与技巧的谈说和论辩的方式来进行学术交流。最著名的玄学清谈家如何晏、王弼、阮籍、嵇康、向秀、郭象等，他们提出的观点引起了士大夫阶层对人生、人与自然、人与天地的关系，以及儒学、佛学、道学等方面论题的思辨。

玄学之所以从道家思想发展而来，是由于道家思想对人世间的痛苦和黑暗进行了抨击和蔑视，对超越这种黑暗和痛苦的个体自由，尤其是精神上的自由展开追求，这刚好符合那些经历了儒家思想破灭的门阀士族的心理。[2]当时，儒家思想信仰破灭之后，

---

[1] 宗白华：《论〈世说新语〉和晋人的美》，《美学散步》，上海人民出版社，1981年。

[2] 李泽厚、刘纲纪主编：《中国美学史》（第二卷），中国社会科学出版社，1987年，第6页。

玄学所追求的自由独立的思想、宁静的精神天地、优雅从容的风度、山水怡情的境界就对中国美学思想产生了重要影响。

在这个过程中，魏晋玄学对青色的文化寓意也产生了一定影响。当时，魏晋玄学的美学思想促成了两个文学艺术现象的发生，而这两个现象都与青色有所关联：一是以谢灵运为代表的"山水诗"的出现；二是"青瓷"造型审美和制造技术的突破与发展。

◎　山水诗为青山赋予了新的含义

山水诗的出现与魏晋玄学中对自然的认知有重要关系，而在分析诗歌中出现的"青山"意象时就分析了这一层关联。魏晋玄学的一个重要论题是以阮籍和嵇康为代表的"越名教而任自然"，即摆脱"名教"的束缚，回到"自然"的怀抱。这个论题引发了对"自然"这一中国美学思想的重要审美范畴的重要讨论。

要知道，在先秦时期，"自然"的概念并不是指自然界。

老子的"道法自然"的"自然"是指道，是天地万物包括人类社会存在的一种理想状态，不是指自然界。玄学家认为的"自然"，是指实体性的自然物象，包括山、水、花、鸟、流云、草木，是真正的自然界。这样一来，这些自然物象就成了象征中国古代文人自然心境的对象和符号，自然范畴才成为审美范畴。[1]

刘勰《文心雕龙·明诗》："老庄告退，山水方滋。"在这个过程中，魏晋玄学起到了重要作用。山水诗的鼻祖谢灵运创作了大

---

[1] 侯力、张玉：《论魏晋玄学与审美范畴形成的关系》，《华南理工大学学报（社会科学版）》2005 年第 2 期。

元　赵孟頫（传）　渊明归去来辞图

量富有意境美的诗歌，常常以通过描绘山水景物而顿悟的方式写出佳句篇章。例如，对于"池塘生春草，园柳变鸣禽"（谢灵运《登池上楼》），钟嵘《诗品》中的评说是"谢诗如芙蓉出水"，宋代词人叶梦得的评价是"无所用意，猝然与景相遇。借以成章，不假绳削，故非常情所能到"。[1]

　　顿悟式的灵感是心境相融的自然状态，是诗人之思与山水之景猝然相遇的直接兴趣，区别于冥思苦想之后的"渐悟"。"顿悟"原本是宗教体验，到了诗人和艺术家这里就转化成了一种艺术精神，并不自觉地运用到自己的诗歌中去。[2]

　　陶渊明、谢灵运都写山水田园诗，但是两者的诗风迥异。陶

---

[1] 叶梦得：《石林诗话》，《历代诗话》，何文焕辑，中华书局，1981 年，第 331 页。

[2] 钱志熙：《谢灵运〈辨宗论〉和山水诗》，《北京大学学报（哲学社会科学版）》1989 年第 5 期。

渊明携妻带子虽然生活艰苦，儿女亦似不成才，但其笔下的山水田园却恬淡坦然，令人神清气爽，有一种不疾不徐的舒适感，如"采菊东篱下，悠然见南山"（《饮酒》）、"种豆南山下，草盛豆苗稀。晨兴理荒秽，带月荷锄归"（《归田园居·其三》）。

钟嵘在《诗品》中这样评价陶渊明："文体省净，殆无长语。笃意真古，辞兴婉惬。每观其文，想其人德。世叹其质直。至如'欢言酌春酒''日暮天无云'，风华清靡，岂直为田家语邪！古今隐逸诗人之宗也。"

谢灵运终生徜徉于水光山色，笔下有很多是写自己庄园里的山水，往往纤秾绮丽、怡然自得。例如，《过始宁墅》："剖竹守沧海，枉帆过旧山。山行穷登顿，水涉尽洄沿。岩峭岭稠叠，洲萦渚连绵。白云抱幽石，绿筱媚清涟。葺宇临回江，筑观基曾巅。"

不过，谢灵运写远游山水的诗则往往孤寒荒凉，盖因其入仕致仕的缘故，虽途经山水，但前路茫茫，不免内心纠结。例如，《七里濑》："羁心积秋晨，晨积展游眺。孤客伤逝湍，徒旅苦奔峭。石浅水潺湲，日落山照曜。荒林纷沃若，哀禽相叫啸。……"又如，《初发石首城》："……故山日已远，风波岂还时。茫茫万里帆，茫茫终何之？游当罗浮行，息必庐霍期。越海凌三山，游湘历九嶷。钦圣若旦暮，怀贤亦凄其。皎皎明发心，不为岁寒欺。"

自魏晋南北朝始，山水诗被开创以后，青山绿水、花鸟流云也逐渐成了中国古代文人难以割舍的真实意象。"青山"的山，不再只是概念，不再只是在诗人抒怀时借用的一个意象，而是具体的、生动的自然景物。因此，青山的细化和丰富，与魏晋玄学追求的回归自然便有了重要关联。

◎ 青瓷的审美突破

魏晋玄学对青色的影响，还在于其推动了青瓷的突破性发展。

魏晋南北朝时期的青瓷制造和使用，是中国历史上的第一个高峰。在青瓷的器型、釉色方面，形成了"青、秀、神、俊"的审美倾向。[1]同时，魏晋玄学美学思想对青瓷的造型具有重要的影响。

魏晋玄学的美学思想不同于铺张扬厉的秦汉美学的气质，而是追求自然秀美、清逸脱俗，注重欣赏和追求内在神韵。在自身的气度上，士大夫们追求高雅的风骨，追求自由潇洒、飘逸清奇的气质，希望能够以此来传达自己不落俗套的高雅情致，这种审美情趣的表达也影响了作为日常用具的"青瓷"。

在魏晋士大夫的审美追求里，囊括了"青瓷"的"青、秀、神、俊"。据考古发现，魏晋南北朝时期的墓葬多随葬青瓷器，但汉代的随葬品却多铜器或漆器，由此可以看出使用者在审美观念上的一种转变。[2]青瓷这种清淡高雅的釉色恰好符合了士大夫们"以自然秀美为高，以雕琢华丽为下"的审美标准。

魏晋南北朝时期的南方地区战乱较少，其中越窑窑址就在上虞县，当时的越窑生产水平和青瓷质量都是最高的。这里出土的瓷器残片主要是淡青色釉色的青瓷，黄釉和青黄釉则很少见。[3]

---

[1] 李晓蕾：《魏晋玄学美学思想对青瓷艺术的影响》，《社会科学战线》2011年第 7 期。

[2] 中国硅酸盐学会主编：《中国陶瓷史》，文物出版社，1982 年。

[3] 林士民：《青瓷与越窑》，上海古籍出版社，1999 年。

这也说明了青瓷是当时最受欢迎的瓷器。

　　使用越窑青瓷喝酒的魏晋风尚也流传下来，而这种魏晋风流也可以从唐代文人的诗歌作品中得到验证，如陆龟蒙的《秘色越器》："九秋风露越窑开，夺得千峰翠色来。好向中宵盛沆瀣，共嵇中散斗遗杯。"由此可见，在唐朝，文人们仍然以用越窑瓷器喝酒为风尚。

　　玄学审美的影响一方面体现在青瓷的釉色上，另一方面则体现在青瓷器的造型上。这个时期，青瓷器出现了许多以动物形象为装饰的器具。在魏晋南北朝时期的青瓷造型中，动物形象运用之多、比例之大是以往任何历史时期都无法比拟的。例如，江苏南京清凉山吴墓出土的青瓷羊尊，被视为六朝青瓷艺术品的代表作。器型为温顺的羊型，四蹄卧地，身体浑圆，眼睛平视前方，

东晋　青釉褐斑羊头壶　故宫博物院藏

六朝　越窑青瓷羊尊　国家博物馆藏

151

神情安静，造型稳重。[1]

由此可见，魏晋玄学和清谈思潮带来了中国古代审美观的变化，尤其在诗歌创作、青瓷制造上都产生了不可忽略的影响。其中，诗歌中"青山""绿草"等含"青"的意象陡增，青瓷广受欢迎，也丰富了青色的文化寓意。

四 青色与佛教：青莲花成为佛教符号

佛教刚刚从印度传入中国之时，红色袈裟和僧衣是其特色。但是，在佛教本土化之后，佛教却非常推崇青色，并分成了青衣派和黄衣派。其中，青衣派包括天台、华严、禅宗、净土等派别，这些派别都是在佛教传入中土之后与道家及其他中国哲学思想融合之后衍生出来的几大重要宗派。同时，出家人的法服也常为青色，被称为青甲、青衲。

为什么佛教一入中土就开始推崇青色呢？我们看看佛教在中国与中国本土宗教的融合就能明白其中缘由。

◎ 佛学替代玄学

道家借着大汉帝国的崩溃和士族对儒家思想信仰的危机乘势而起，最终形成魏晋玄学。在相当长一段时期内，玄学占据了士族的思想阵地。

但是，魏晋玄学发展到郭象时，已经解决了自然与名教的关

---

[1] 南京博物院编：《江苏六朝青瓷》，文物出版社，1980 年。

庐山远公与号结莲社于
八人莲社之中调调唯谢
灵运一周无酒而不至一谢
道而长未对陶俗静云调
今俗多根石传谢公乱古逸未

清　上官周　庐山观莲图

系，构建了严密的哲学体系。到了张湛作《列子注》时，则在观点上出现了不可解决的矛盾与混乱。最后，张湛以般若学"空"的观念来改造郭象的"逍遥"义，提出了"心夷体闲"的观点，这就等于把般若学的根本引入了玄学，相当于宣告了魏晋玄学的终结。[1]从此以后，般若学替代了玄学，佛教开始在中国大地上兴盛起来。

佛教在东汉末年开始传入中国，但其在中国社会的融入是一个本土化的过程，不仅吸收了道家老庄的一些概念，也与魏晋玄学的推动与传播有着重要关系。在南北朝时期，佛教甚至一度成为国教。例如，唐代诗人杜牧《江南春》形容当时景象："南朝四百八十寺，多少楼台烟雨中。"诗句描绘的就是南朝佛法兴盛，王公贵胄兴造寺塔之风尤盛，造成了南朝寺院林立的景象。

随着佛教在中国大地的传播和本土化融合，佛教的哲学美学吸纳了道家和玄学的一部分思想，同时引入的佛学经典对中国人的审美取向和对中国色彩的文化寓意变迁也产生了反向的影响。

◎ 佛教中的色彩

我们常说佛家"四大皆空""六根清净""无眼耳鼻舌身意，无色声香味触法"，那么为什么佛家还要频繁使用颜色这种眼睛能看到的"相"呢？在佛经当中，颜色起到了什么作用呢？

《般若波罗蜜多心经》里写道："色即是空，空即是色。"但是，这里佛家讲的"色"并不是指"颜色"，而是物质。"色"，广义

---

[1] 罗宗强:《玄学与魏晋士人心态》，浙江人民出版社，1991年，第340页。

上是指"万物"，狭义上是指眼睛能看到的"有形的物质"。佛家认为"色受想行识"五蕴皆空，但是佛教非常讲究"颜色"的应用，这是为什么呢？

我们首先需要了解的是，佛教的色彩观与现代科学意义上的色彩观从根本上来说是不同的。现代科学是根据光谱学来确定色彩，但是佛教中色彩的发生遵循的是佛教内部观念的逻辑，体现着佛教的概念、思想与义理[1]。

佛教密宗强调颜色的抽象意义，用黄、白、红、青、绿五种颜色来提示人性的欲望。例如，青色是表现人性的瞋与杀。中国本土佛教则认为，"地水火风"是构成世界万物的四大基本元素。佛教当中的色彩也产生于这四大元素，其中最根本的显色有四种，即青、黄、赤、白。[2]

佛教的色彩观是一门大学问，现仅探讨佛经中涉及的几种具有代表性的"青"字词语对青色文化寓意的影响。

◎ 佛教中的青色

天台、华严、禅宗、净土宗都是中国佛教中的青衣派，僧人的法服也叫青甲、青衲，而这些派别都是在佛教传入中土之后与中国本土宗教和哲学思想融合之后衍生出来的。因此，中国佛教不可避免地受到道家、玄学思想的影响，而青色在道家和玄学思想中投射的意象和文化内涵有一部分会移植到佛教当中。

[1] 曹英杰：《两晋汉文佛经中的色彩观念研究》，中国艺术研究院博士学位论文，2018 年。

[2] 同上。

五代　佚名　白衣观音像

另外，引入中土的佛学经典本身也带来了大量青色的意象。可以说，佛经中的"青"字词语是非常丰富的。这里举佛教经典中比较常用的六个词语，可以看出"青"字在佛教当中的运用。

一是"绀青"。这是一个常用且固定的表示颜色的词语。"绀"这个字在上文已经解读过，《说文解字》的释义是"帛深青而扬赤色也"，即青里泛红。"绀青"这个词在佛经中经常出现，主要是描写佛陀、比丘、太子等人物的眉毛、头发及五官等。同时，如来佛的眼睫、毛发也必用"绀青"形容，这是佛家的一种特有观念，"绀青"代表了神圣与智慧。此外，那些容貌端正、充满智慧、与众不同的人也可以用"绀青"来形容，如"绀青童子"称谓，就是指智慧不凡之人。

二是"青莲花"。在佛经中，青莲花是佛国池水中一种奇异的花卉，这是佛教中的常用意象，是睡莲当中最为尊贵的一种。

佛经中对所有睡莲的总称是"优钵罗花"，青莲花就是"青优钵"，也叫"泥卢钵罗花"。[1]青莲也用来描绘佛国其他美好的事物。[2]例如，佛眼的美好常以"青莲叶"比喻；千手观音的四十只手里有一只持青莲花，称为"青莲花手"。另外，表示佛口气之香洁也以青莲花来比喻。这些比喻，说明了青莲花在佛教世界中的地位是很尊贵的。[3]

---

[1]《佛光大辞典》(第 7 册)，第 6146 页。转引自曹英杰：《两晋汉文佛经中的色彩观念研究》，中国艺术研究院博士学位论文，2018 年。

[2]《一切经音义》卷 12。

[3] 曹英杰：《两晋汉文佛经中的色彩观念研究》，中国艺术研究院博士学位论文，2018 年。

北宋　佚名　如来说法图

青莲花还进入了百姓的生活，如青瓷器的形制、图案和装饰花纹都受到了佛教的影响。在青瓷的装饰花纹上，从魏晋南北朝后期开始就出现了佛像、飞天、莲花等图案，尤其是莲花纹大量流行，体现了佛教符号的广泛使用。例如，南京林山梁代大墓出土的"莲花尊"瓷器造型庄重，从上到下共有七层仰覆的莲花瓣，宛如一朵盛开的青莲，体现了佛法的庄严神秘，也显示出佛教对青瓷艺术的重要影响。

北朝　青瓷莲花尊　国家博物馆藏

三是"青琉璃"。指须弥山的南方之"琉璃宝"，因为所映照的虚空为青色，所以被称为青琉璃色。

四是"青金刚"。金刚，意为金中最刚。经论中常以金刚比喻武器及宝石，取其锐利、坚固能摧毁一切，而不能为万物所破坏之意。[1]《金刚经般若经疏论纂要》卷1记载："青色能消灾厄，喻般若能除业障。"[2] 这里是以六种颜色的金刚来比喻般若的体用，其中一项是能消灾除障的青色金刚。

---

[1]《佛光大辞典》（第4册），"金刚"条，第3532页。转引自曹英杰:《两晋汉文佛经中的色彩观念研究》，中国艺术研究院博士学位论文，2018年。

[2]《金刚经般若经疏论纂要》卷1。

五是"美人青绛"。"青绛"为"美人虹"的说法，来自南朝宋刘敬叔的《异苑》中的记载："古者有夫妻，荒年菜食而死，俱化成青绛，故俗呼美人虹。"[1] 青红相间的绚美虹色与美人的绚丽夺目具有相同特性，因而把虹比喻成美人并不唐突。

"美人青绛"并列提出的这种用法来自《修行道地经》，讲梵志子可以通过观察天文星象预知灾祸、晓知事变，在风雨失度之后出现"美人青绛"。因此，"美人青绛"在这里指的就是"虹"。《修行道地经》是一部翻译的经书，而"美人青绛"的说法说明这部经书的译者非常了解当时的民间语言，因为这的确是一个极富诗意的、美好生动的象征性词汇。这也说明，当时的佛经翻译具有面向民间大众的初衷。

六是"青饭食"。"青饭食"反映的是佛家的福德、修行与饭色的关系问题。在《长阿含经》《经律异相》《弥勒经游意》《法苑珠林》中，都有提到白、青、赤三种饭色与修行功德的关系。其中，四部经一致的论述主旨是，"福德多者饭色自白，中者青色，下者赤色"。

以上是佛教教义当中一些常见的"青"字词语的使用情况，而佛经当中还有诸多"青"字词语的使用，如"能青一切色"的青宝珠[2]，给佛门弟子的新衣进行标记的"青点净"[3]，不再一一列举。

---

[1]《异苑》卷1。

[2]《大方广佛华严经》卷44。

[3] 释印顺：《教制教典与教学》，中华书局，2011年，第36页。

◎ 青色与"空"

佛教的传入不仅对人们日常生活中使用的词语和器物产生影响，更对青色的文化寓意产生了深远影响，引导人们对青色产生了另一种联想。这个联想就是佛教中"空"的概念。

佛教的"空"，是佛教教义的关键词汇。《金刚经》："无我相、无人相、无众生相、无寿者相。"《般若波罗蜜多心经》："色即是空，空即是色。"这里讲的都是佛教的"空"。"空"，就是虚幻不实、空寂明净。其中，《般若波罗蜜多心经》系统的根本思想就是"空"。

"空"的梵语是 sunya（音译"舜若"），最早把这个"舜若"翻译成"空"可是颇费了一番周折。因为，佛教最初在中国的传入面临的一个最重要问题，就是语言的障碍。在两种不同的语言体系下，中文如何能够精准地翻译出佛学经典的本来意思，这是魏晋南北朝时期佛教传播者所面临的问题。

玄学家王弼提出过"天地万物以无为本"的概念，而玄学以老庄思想为骨架在士人中广为流行。于是，早期的传道者就借用了玄学家的"无"的概念来翻译佛经的"空"，这恰好符合了玄学家的追求，引起了玄学家对佛教的探索兴趣，客观上推动了后来佛教在南朝的兴盛。

直到鸠摩罗什翻译龙树的《大智度论》，这才为中国带来了一种完全不同的思维方法——中道思想指导下的"二谛义"与"表诠、遮诠"法。"二谛义"是指两种真理：一是俗谛——对世人来讲只知道"有"不知道"无"；二是真谛——宇宙万物并不是只用

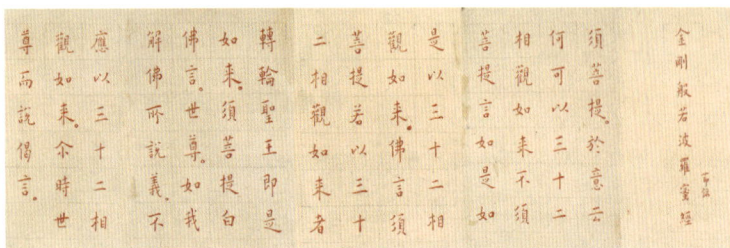

弘一法师　金刚经纸本（局部）

"有"和"无"来区分，而是"空"，即混沌的、一体的。

"表诠、遮诠"法实际上就是通过肯定与否定之间的区域来界定"空"。《大智度论》卷四十三："常是一边，断是一边，离是两边行中道，是为般若波罗蜜。"龙树用这种通过否定（遮诠）达到肯定（表诠）的方法来表述"空"，而"空"就是非有、非无、非亦有亦无、非非有非无。

通俗地讲，中道思想就是不堕极端，脱离两边，不生不灭，不有不无，不苦不乐，不生不死。依据大乘般若的"空"的思想，"空"不再是魏晋玄学家和早期传道者所翻译的"无"，而是一种不可用语言描述的或不可当作一个概念去认识的实在，用"有"或者"无"都已经无法区分，但是又真实存在。

直到此时，"空"开始作为一个独立的美学范畴被纳入中国的美学体系，为后人提供了一个辩证的视角。"空"的界定方式使佛经的义理翻译在一定程度上摆脱了玄学思想的误导和束缚，使中国美学第一次把佛教的哲学美学吸纳入其中。

那么，想将这种"空"投射到人类可以感性认知又能代表普遍的理性意义的色彩符号上，恐怕也只有"青色"可以代表，因为只有"青色"与其具有一定同质性，容易引发人的心理联想。一是因为"青"字从"丹"，而丹青可指一切色；二是青色的视觉感受安静淡泊、空灵清透，如风如镜，引发出的人的生理、心理反应与佛教的"空"的义理不相违背。

佛教被引入后吸收了道家的思想，并在中国的本土化中不断磨合、融合，最后演变成了几家具有中国特色的佛学宗派，其中"禅宗"对中国大众的影响非常大。禅宗以"明心见性"著称，赋予了青色器具以更深一层的文化寓意。青色给了信徒们参禅悟道、明心见性的氛围与提示。

第四章

从青绿山水画演变看青色文化寓意变迁

一　大青绿山水

在传统绘画色彩中，青色占有极为重要的地位，而青绿山水画的出现，无疑在中国绘画史上增添了浓墨重彩的一笔。

中国山水画从人物画的背景图画演变为独立的画科，进而发展成为后世的"青绿山水"和"水墨山水"两大山水画分支，从此"青绿"二字独占一支，横贯千年而不绝。当然，这个划分并非从一开始就泾渭分明，无非画师们先探索实践，各取所好，各逞其才，然后后人在追溯分析中国画史的过程中再给予归类。

◎　展子虔——开青绿山水之源

提到青绿山水，第一个出现在我们视野的人物就是隋朝的展子虔。在中国美术史上，一般认为青绿山水画成为独立的画科始于展子虔，流传至今的画作只有展子虔的一幅青绿山水《游春图》。

今天，岁月暗淡了曾经的一切色彩，这幅年代久远的画变得没有那么清晰鲜艳了。但是，我们仍能看到其中精致的细节：远山千里、层峦叠嶂、郁郁葱葱，贵族们悠闲地在山水春色中骑马、荡舟、散步。山花烂漫，水波粼粼，亭台小阁，春意盎然，一派浑然天成的人间景致。

《游春图》整幅画以青绿设色，浓淡相宜，人在山中，融于自然。这与北朝山水画的"人大于山"的画法大不一样。对此，明收藏家詹景凤在《东图玄览》中称"此殆开青绿山水之源"。

后来，阎立德、阎立本、吴道子、李思训、李昭道等继承了展子虔的画法并创新了技法。这一时期，流行画面以石青、

隋　展子虔　游春图

石绿、朱砂等重彩为主，彰显矿石颜料富丽灿烂的画法，被称为"大青绿山水"。

◎ "大小李将军"——开创青绿山水画的繁盛时期

"二李"是指李思训、李昭道父子，人称"大小李将军"。他们父子俩继承了展子虔的绘画传统，在山水画上继续工笔细作，层层敷色。

这种画在绘画的时候很费劲，不像大写意或者小写意那么痛快，画家无法行云流水、一气呵成。"二李"的绘画需要先慢慢勾线，再填彩，且对颜料、胶水与矾的配比以及颜料混合等待的

唐　李思训　江帆楼阁图

唐　李昭道（传）　明皇幸蜀图

时间都有较高要求，很多工序都是靠时间堆积起来的。同时，无论是颜料的准备工作，还是实际的绘制工作都极为繁复。

唐玄宗时期，李思训受命画嘉陵山水，用了几个月才画完，这与"水墨山水"或者"墨戏"可以一日而成甚至一蹴而就相比，完全不是一个层级的创作强度。李思训的青绿山水代表作有《江帆楼阁图》。另外，传为李昭道所画但仍有争议的《明皇幸蜀图》也是大青绿山水的代表作品。

在这些绘画中，山的阳面或坡陵用泥金敷色，山的另一面则用石青、石绿渲染，整个画面给人的感觉是群峰林立、金碧辉煌、华丽壮美。这个时期的青绿山水画法以勾线填色、浓丽重彩为基本特色。因此，"二李"的一些大青绿山水作品也被称为"金碧山水"。

◎ 王希孟《千里江山图》

北宋时期，中国绘画进入了我国古代现实主义绘画的鼎盛时期。这时的山水画作品，既讲究写实，也讲究写意。其中，一个重要的代表人物就是王希孟，他的作品《千里江山图》至今美名远扬，流传甚广。《千里江山图》是大青绿山水的代表作，它有几大特点：一是巨幅青绿山水画卷。《千里江山图》宽51.5厘米，长1191.5厘米，是我们当今所能见到的我国古代最大最长的绢本青绿山水卷轴画作。二是构图丰富，格局开阔，富于节奏。画中叠翠无穷，水波浩渺，雄浑壮阔。三是构思精巧，所绘山峰主次分明，君山与臣山各安其道，高拔险峻的山峰与平缓舒阔的丘陵交相辉映，人物渔舟、竹篱桥梁掩映其中，秩序井然，浑然天成。四是技法承古而有创新。以墨勾线，浓淡相间，皴后层层施彩，继承了展子虔的画法，但又能够大胆设色，既不像文人画那样随心所欲，也不似"大小李将军"那样工巧严整，成了山水画史上的里程碑式作品。

王希孟是宋徽宗创办的画院的学生，作画时大概十七八岁的少年。宋徽宗看王希孟有天分，但是技法还不够工整，就亲自当老师教他作画。在学习了半年之后，王希孟画成了《千里江山图》进献给宋徽宗。宋徽宗十分赏识此画，遂将其赐给了大臣蔡京，因此画作得以保存下来。由于《千里江山图》使用了石青、石绿等矿物质颜料，时隔千年仍然明丽夺目。不过，王希孟这位少年却没在史书上留下只言片语。在浩瀚悠远的中国绘画长河中，王希孟仅以《千里江山图》一画而闻名，如昙花般绚丽而短暂。

二　金碧山水成为政治需要

那么，为什么大青绿山水尤其是金碧山水在唐代得到推崇并取得较高艺术成就呢？究其原因，大概有政治、经济、宗教几个方面的推动作用。

第一，是政治需要促进了艺术革新。唐朝的确立结束了中国长期的政治混乱局面，无论皇家、贵族、臣工、百姓都极其渴望安稳的社会生活，期待太平盛世。

唐初百废待兴，人们对未来具有无限憧憬，朝廷上下各行各业均呈现出一派欣欣向荣的景象。贞观之治及武则天治下，唐朝经济持续发展，国力蒸蒸日上，物质丰富，官民自信，政治成就和经济发展促使统治阶级被历史荣誉感所推动，力求展现江山壮美、功业辉煌的艺术作品成为政治需要。

由于国家发展的大好形势，艺术家们用艺术作品对时代进行歌颂成为一种政治需要。所以，这一时期的绘画作品主要展现了山河壮美、人物英武、马匹矫健等内容，色彩大都具有壮美华丽之感。

就色彩来讲，来自矿物质的石青、石绿，色彩鲜艳，成为表达这类绘画作品用色的合适选择。正如南朝齐梁谢赫所说的"六法"之"随类赋彩"，自然山水常为青绿颜色，所以"随类赋彩"自当首选青绿。另外，由矿物质提炼出来的青绿色经过适当调配

莫高窟　023 窟主室南壁

之后，比植物提炼的色彩更为艳丽夺目，且性能稳定，能长久保持明艳不易褪色。由于这两个优点，石青、石绿在色彩使用上脱颖而出，成为中国山水画设色常用的颜色。

第二，经济发展为青绿山水画的盛行奠定了物质基础。唐朝国力强盛，经济上能够支撑全国范围内的大规模的艺术创作，并保证颜料的精细提炼和量产。就是说，绘画材料虽然昂贵，但经济实力足以支撑。同时，宣纸、绢的丰富也为唐朝的艺术创作提供了充足的物质基础。

第三，文化融合为艺术创新提供了兼容并包的舞台。首都长安繁华开放，异域风情浓烈，唐朝的艺术家们能够有机会、有胸怀将具有异域风格的色彩和审美意趣综合到中国山水画当中。

第四，佛教盛行也推动了青绿山水画的发展。佛教自西域而来，大量经书在这一时期被翻译成中文，佛教逐渐本土化并开始盛行。在皇家的大力推动下，敦煌莫高窟最终凿制了一千多个洞窟，而这些洞窟都需要绘制大量的与佛教相关的壁画作品。另外，皇家寺院也开始兴建，同样也需要宣传佛教思想的绘画作品。在这些作品中，亦不乏青绿山水。

在宗教主题的壁画作品中，除了描绘佛陀、飞天等人物画及器物画之外，山水画所占比重也很大。其中，山水画发挥的往往是渲染极乐世界的作用。这些佛教壁画色彩艳丽，画面震撼，直击心灵。佛教的兴盛极大地促进了青绿山水画的发展，而画师、画工的队伍也由此迅速壮大起来。

可以说，大青绿山水乃至金碧山水的成熟，反映了当时皇家、贵族与臣僚组成的统治集团在政治、宗教方面的整体需要。在这一时期，青绿色成了瑰丽堂皇、辉煌壮美、富足肥沃、极致喜乐的代表色，寄托着统治者希冀江山稳固、盛世太平的美好愿望。

三　大青绿山水的改造

在唐中期，有一批文人在继承的基础上开始尝试创新技法和设色方式，画面不似"大小李将军"（李思训、李昭道父子）画作那般铺陈，着色也并不饱满，形成了含蓄清润的山水画面。其中，最具代表性的是诗人王维。

王维既是杰出的诗人，也是画中奇才。王维的画与诗各自都有独特的成就和重要的历史地位。

王维在《偶然作六首·其六》中说他自己是"宿世谬词客，前身应画师"，可见他自己也认为同时具备了诗和画的才能。当然，王维的画早已不可见，至今见到的少数作品也是后世的临摹之作。

据宋代《宣和画谱》记载，御府收藏了王维的画作达126幅，其中山水画30多幅，但很遗憾"重可惜者，兵火之余，数百年间，而流落无几"。由此可以得知，数百年之后的宋代至少有126幅王维的画作存世，也许王维一生画作之数量并不亚于其流传的诗作，如今真迹竟不可见，实为憾事。

关于王维的画，历代推崇者众，尤其是文人更为推崇其水墨山水，甚至有忽视王维青绿山水画作品的倾向。

宋代，诸如苏轼、米芾这些文人都对王维的水墨山水钦佩至极。直至明代，画家董其昌更是将王维在中国古代绘画中的历史地位推向了新的高峰。美术史上说的"画分南北"，就是董其昌提出来的。

董其昌创立了山水画"南北宗"一说，指出李思训是"北宗之祖"，王维是"南宗之祖"，并曾经在《画旨》中明确指出"文人之画，自王右丞始"。明人陈继儒也认为，"山水画自唐始变，盖有两宗，李思训、王维是也"。

然而，我们通过唐人的评价以及存世摹本可以发现，唐人的山水画仍然以"青绿山水"为主流，而王维的绘画作品笔法十分精细，亦与李思训的绘画风格多有相似，并非从此二人就大相径庭。[1]

唐朝的朱景玄曾经在《唐朝名画录》中说，王维的山水画是"山水松石，踪似吴生，而风致标格特出"，并在点评王维的《辋川图》时称赞其画"山谷郁郁盘盘，云水飞动，意出尘外，怪生笔端"。

宋代的米芾则说"王维之迹，殆如刻画"，而米友仁（米芾长子，画家）甚至说王维的画"皆如刻画，不足学"。[2]可见，在创新文人画之前，王维在相当长一段时间内是画工笔山水。

唐末张彦远则在《历代名画记》里毫不吝啬地赞美王维的山水画，说其"工画山水，体涉今古"，"清源寺壁上画辋川，笔力雄壮"，"……右丞指挥工人布色，原野簇成……复务细巧，翻更失真"，"余曾见破墨山水，笔迹劲爽"。

从上面的评论可见，王维的画既有吴道子式的线条流畅，也有李思训式的刻画细密、精巧设色，同时还有他自己独创的水墨

[1] 陶文鹏：《唐诗与绘画》，漓江出版社，1996年。
[2] 转引自陈传席：《中国山水画史》，江苏美术出版社，1988年。

南宋　赵伯驹　江山秋色图（局部）

"簇成"和"破墨",就是通过水墨浓淡来表现山形的阴阳远近。陶文鹏先生指出,"王维的画风本就有疏、密二派,过分强调任何一面,把王维与李思训二人截然对立,都是偏颇的"。[1]

王维的山水画用色的确与李思训、李昭道的用色风格不同,而是沿袭了吴道子的薄施色彩的风格,特别注重画面创造的意境,一改华丽铺陈的画风,以含蓄、清润、宁静为主,反映出文人高远淡泊的情怀。当然,王维自己也许没想到的是,他的这种改造对作画人心理上的社会定位也有着不小的影响。

这种心理上的改变,缘于文人情怀的加入,使得擅画之人不再以自己擅画而自卑。当时,文人作为统治阶层的一分子,如果被同僚认为只是会画画,或者不过是一位优秀的画师,那是很不体面的事情。李思训就曾经因为擅画,被皇帝命令当众作画,自觉有损将军身份,甚至十分后悔自己长于丹青。但是,王维改造了青绿山水的风格并创造了水墨山水之后,文人画、山水画就成了文士们抒发情志、显示才华的高雅之事。

四　小青绿山水是艺术的复古

北宋时期,儒家思想以"理学"的面貌重新展现出来。

理学讲求的是"格物致知",穷究事物以追求真理,即"穷理"。为传播理学思想,二程(程颐、程颢)、朱熹等人用自己的理论不断影响着统治阶级的审美取向,使得北宋的政治生态和文

---

[1] 陶文鹏:《唐诗与绘画》,漓江出版社,1996年。

南宋　赵伯骕　万松金阙图

学艺术氛围都向求真、务实、穷理的方向发展。在文学艺术上，反对过度装饰和夸张，"复古"就成了一种潮流。

唐代，韩愈提倡古文、反对骈文，推动继承了两汉文章传统的散文，把散文称为"古文"，把注重排偶、声律且注重辞藻华丽的骈文视为俗文。韩愈提倡写古文，其目的之一在于实现改革文风与复兴儒学的互相促进。至宋代，欧阳修、王安石、苏轼等也拥护韩愈的主张，成为这场古文运动的拥趸。

在这一时期，绘画上也表现出了"复古"的态势，那就是追求恢复晋、唐时期的空勾无皴的设色山水画，反对五代以来以及北宋初年的文人水墨画一枝独秀的状态。

对画家来讲，到自然中去求真，就是"穷理"的过程。

因此，唐人张璪的"外师造化，中得心源"，深入人心。北宋的画家认同师法自然，描摹自然，并在得到真谛之后再创造"艺术的美"。画家学古不学今，北宋的画家们一直追溯到李思训的山水画，"舍今之水墨而求古之大青绿也"。[1] 当时，苏轼就认为

---

[1] 陈传席:《中国山水画史》，江苏美术出版社，1988 年。

李思训的青绿山水画自是"高古"。所以，在两宋时期，青绿山水经历了晚唐和五代的凋敝之后，重新走向了复兴。

画家们将水墨山水的皴法与大青绿山水的积色、敷色相结合，成就了既求真求实又明丽精妙的青绿山水画，使青绿山水画走向成熟，并达到了一个新高度。

这个时期，产生了王希孟的《千里江山图》这样的重要作品，还有赵伯驹的《江山秋色图》和赵伯骕的《万松金阙图》等出色的青绿山水作品。这些杰作充分表现出宋代院体青绿山水画独特的魅力，使中国画"色彩美"的传统和工细重彩的样式在唐代"二李"的基础上得到了较大的继承和发展。

五 "青"是山水画与山水诗深度交融的有力佐证

绘画与诗歌是两门艺术，各具表现手段，但也存在着共性。

意大利文艺复兴时期画家达·芬奇在《绘画论》中说："绘画是不说话的诗歌，诗歌是看不见的绘画。"北宋文学家兼画家张舜民则说："诗是无形画，画是有形诗。"

诗歌与绘画两种艺术形式在唐代交相辉映，互为促进。山水画、人物画、花鸟画以及佛道壁画都对唐诗风格产生了影响，并出现了"题画诗"的现象。可以说，在唐代，诗与画在形式上开始融合，在创作技法和艺术追求上也具有相似性。

青色在唐代更是跨越了诗歌和绘画这两种艺术形式，成为共情通感的桥梁。其中，最为突出的便是王维的山水诗与青绿山水画的呼应，而青色是这种高度融合的一个突出表现。

明代谢榛在《四溟诗话》中说："凡作诗不宜逼真，如朝行远望，青山佳色，隐然可爱，其烟霞变幻，难于名状，及登临非复奇观，惟片石数树而已。"可见，作诗和文人作画一样，应当讲究形上点到即止，追求神似，留下想象空间。

王维正是这样一位诗画俱佳的绝世高手，尤其善于以画家的审美去捕捉自然景物当中的光影、色彩、线条、结构、比例，并善于利用绘画常用的透视法去创造诗句。王维的诗在"青"字的运用上与他画中的"青色"运用一样，淡雅空灵，悠远宁静。例如，王维《终南山》有"白云回望合，青霭入看无"，《送邢桂州》有"日落江湖白，潮来天地青"，这几句诗所描绘的画面如同水墨渲染加薄彩青绿。

又如，王维的《华岳》更是一幅典型的青绿山水作品：

> 西岳出浮云，积雪在太清。
>
> 连天凝黛色，百里遥青冥。
>
> 白日为之寒，森沉华阴城。
>
> 昔闻乾坤闭，造化生巨灵。

右足踏方止，左手推削成。

天地忽开拆，大河注东溟。

遂为西峙岳，雄雄镇秦京。

大君包覆载，至德被群生。

上帝仁昭告，金天思奉迎。

人祇望幸久，何独禅云亭。

全诗石青黛绿，浓墨重彩，山形雄奇，积雪皑皑，金天云亭，瑰丽堂皇，正仿佛一幅青绿山水画作铺陈在眼前。在《中国古代山水诗鉴赏辞典》里，葛晓音对这首诗的评价是："犹如在青绿山水底子上以泥金勾染出天上的云霞和亭台建筑，最后完成了这幅描绘华岳的金碧山水画。"

在诗作里，王维非常喜欢使用"青""绿""苍""翠"等青色系的字词：

在《过香积寺》里，写"泉声咽危石，日色冷青松"；

在《赠从弟司库员外絿》里，写"清冬见远山，积雪凝苍翠"；

在《红牡丹》里，写"绿艳闲且静"；

在《送元二使安西》里，写"渭城朝雨浥轻尘，客舍青青柳色新"；

在《新晴野望》里，写"白水明田外，碧峰出山后"；

在《鹿柴》里，写"返景入深林，复照青苔上"；

在《木兰柴》里，写"彩翠时分明，夕岚无处所"。

王维在大自然中对青绿的深浅明暗进行敏锐捕捉，用文字渲染出了一幅幅小青绿山水画作。

.

第五章

中国古代诗词中『青』字词语的使用频次

　　诗歌，是语言艺术的最高表现形式。由于诗歌字数少，需要表达的思想和情感又较为丰富，因此诗人们对用字需要千锤百炼。因此，研究诗歌中的"青"字词语的使用状况是一条探索青色文化寓意的重要途径。

　　"青"与其他字连用，在绝大多数情况下仍然是表达色彩的含义，只有在极少数情况下是因为与其他字发音相似而被借用。这里研究的"青"字词语，其中"青"的含义都是青色。

一　先秦两汉：叠字"青青"最常用

　　在《诗经》《楚辞》《乐府诗集》《先秦汉魏晋南北朝诗》中，可以看到先秦两汉的诗文中出现的"青"字很有特色——"青"字很少其他字连用，而是常以叠字"青青"出现。

　　《诗经》是中国古代诗歌开端，收集了西周初年至春秋中叶（公元前11世纪—公元前6世纪）的诗歌，存诗305篇，是我国最早的一部诗歌总集。《诗经》里面用叠字"青青"最为典型，如《国风·卫风·淇奥》有"瞻彼淇奥、绿竹青青"，《郑风·子衿》有"青青子衿、悠悠我心"。在《毛诗注疏》中，《小雅·鱼藻之什》中亦有"苕之华，其叶青青，知我如此，不如无生"。这几处的"青"字都是叠用。

　　《楚辞》是我国最早的浪漫主义诗歌总集，包含了屈原、宋玉的作品，还包含了汉代淮南小山、王褒、东方朔以及刘向等人学习模仿屈原、宋玉而创作的作品，共计16篇（后世亦有增删）。在《楚辞》中，"青"字也以叠用方式出现，如"秋兰兮青青，绿叶兮紫茎"和"菀彼青青，泣如颓兮"。这里的"青青"大多以形容植物为主，而叠字的使用更加渲染了草木繁盛之貌。

《乐府诗集》是宋人郭茂倩编的自汉魏到唐五代的诗作。在《乐府诗集》中，叠字"青青"更是多次出现。例如，在汉乐府中，长歌行有"青青园中葵，朝露待日晞"，南北朝沈约有"青青林中竹，可作白团扇"，唐刘长卿有"目极雁门道，青青边草春"等。由于《乐府诗集》收录的作品包含了汉乐府至唐人所作的新乐府，所以也可以看到后世诗人模仿前人的作品里用上了"青青"二字。

逯钦立的《先秦汉魏晋南北朝诗》对汉诗收录最全。其中，《古诗十九首》里面用了两次"青青"，如"青青陵上柏，磊磊涧中石""青青河畔草，郁郁园中柳"。在《先秦汉魏晋南北朝诗》中，还收录了《庄子》引逸诗"青青之麦，生于陵陂"，无名氏的"青青陵中草，倾叶晞朝日"。在汉诗的杂歌谣辞中亦有"青青"二字，如汉献帝初时京都童谣"千里草，何青青。十日卜，不得生"。这首童谣是一个字谜，其中"千里草"是"董"字，"十日卜"是"卓"字，即"董卓"二字；而"青青"是茂盛之貌。所以，这个字谜是自下而上的解字，寓意"自下麾上，以臣陵君"，是当时"预言"董卓起兵的童谣。

在这几部诗集里，可以看到在先秦两汉时期"青"字词语在古诗、杂歌谣辞中的使用并不丰富，而且"青"字还没有和其他词语紧密黏合，也还没有发展成一个词汇大家族。不过，"青青"两字叠用却最为常见，这是先秦两汉时期的特色。

二　魏晋：山水诗人开始将"青"字组词入诗

魏晋时期诞生了两位伟大的山水诗人——谢灵运与陶渊明。谢灵运的山水诗富丽精美，流光溢彩；陶渊明的山水诗自然朴素，闲适平和。有趣的是，两个酷爱描写山水的诗人，原本其生活和心灵都与青山绿水最为接近，但在他们的诗中却很少直接使用"青"字。不过，我们也发现，"青"字开始与其他景物名称连用，并组成新词入诗。

在《陶渊明集》中，发现陶渊明在他的 122 首诗歌和 12 篇文赋里除"三青鸟"和人名"卫青"外，将"青"作为表颜色词语使用的一共只有 5 次。其中，有 4 次入诗的都是"青松"这个词，如"青松在东园，众草没其姿，凝霜殄异类，卓然见高枝"（《饮酒·其八》）、"芳菊开林耀，青松冠岩列"（《和郭主簿·其二》）、"青松夹路生，白云宿檐端"（《拟古九首·其五》）、"栖木兰之遗露，翳青松之余阴"（《闲情赋》），而另外的一次是"青丘有奇鸟，自言独见尔。本为迷者生，不以喻君子"（《读山海经十三首·其十二》）。

关于谢灵运使用"青"字的情况，有两个版本可以参考：一是黄节先生的《谢康乐诗注》，二是顾绍柏先生的《谢灵运集校注》。顾绍柏先生博采群书，将散落于各种古籍中的所有谢灵运作品无论精芜地悉数收集整理，凡所见吉光片羽皆收录在内。顾绍柏先生由衷钦佩谢灵运，说他是"中国文学史上第一个大量发掘自然美，自觉地以山水为主要审美对象的诗人"。

检索谢灵运的诗文可以发现，这位山水诗人也很少使用"青"

字，而且与陶渊明一样也只使用了 5 次。在这些诗中，"青"字分别是以"青春""青翠""青崖""青云"出现的，其中"青云"一词用了两次。谢灵运使用"青"字词语的五句诗，分别是"未厌青春好，已睹朱明移"（《游南亭》）、"连鄣叠巘崿，青翠杳深沉"（《晚出西射堂》）、"援萝临青崖，春心自相属"（《过白岸亭诗》）、"托身青云上，栖岩挹飞泉"（《还旧园作见颜范二中书》）、"惜无同怀客，共登青云梯"（《登石门最高顶》）。《谢康乐诗注》收录了一句"郁郁河边树，青青野田草"，但顾绍柏先生考证后认为这是曹丕的诗而不是谢灵运的。

三　唐朝：诗人偏爱的"青"字词语

为了解唐朝文人使用"青"字词语的喜好，我们可以通过对唐代诗作中常见"青"字词语的使用情况进行分析，发现不同的"青"字词语使用情况以及所表达的意象。

通过最简单的柱状图分析，我们就可以发现历代诗人们所偏好的"青"字词语到底有哪些，以及为什么会形成这种现象。

这部分以及下面各节内容的分析数据，均以"中华经典古籍库"中的《全唐诗》《全宋词》《全元诗》《明诗综》为例。由于采用了模糊搜索的方式，可能存在对标题、注释、正文重复计数的误差，虽经过人工剔除可能也还存在挂一漏万的情况，但这些微小的差异并不妨碍最后得出的相应结论。其中，"中华经典古籍库"中的唐诗数据来源于中华书局 1960 年版的《全唐诗》。

中华书局版《全唐诗》

　　《全唐诗》共收录整个唐五代诗48 900余首，收录诗人2200人。通过"中华经典古籍库"中所录《全唐诗》，可以检索到正文中（含诗名、题注、诗文原文）出现"青"字5998次。其中，"青山"733次、"青云"452次、"青春"217次、"青天"212次、"丹青"168次、"青门"155次、"青楼"150次、"青丝"109次、"青鸟"76次、"青龙"72次、"青阳"45次、"青牛"39次、"青帝"32次、"青衫"27次、"青葱"19次、"青衣"19次（见图1）。

　　排名第一名的是"青山"，达到733次，是唐人写诗最爱用的带"青"字的词语。另外，第二名"青云"452次，第三名"青春"217次，第四名"青天"212次。

　　从使用次数在200次以上的这四个带"青"字的词语来看，"青山""青云""青春""青天"四个词语都具有十分开阔蓬勃的气象。由此可以窥见，大唐诗人普遍存在着一种昂扬向上的精神。

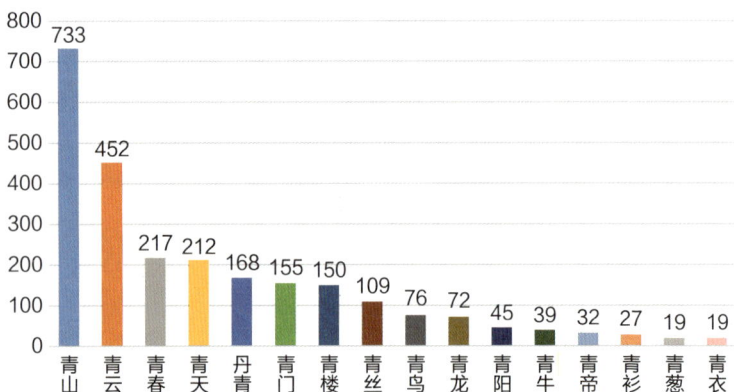

图 1 《全唐诗》当中"青"字词语的使用情况

第五名"丹青"168 次，而"青门""青楼""青丝"分别以155 次、150 次和 109 次的出现频次紧随其后，也是诗人特别爱用的带"青"字的词语。

此外，《全唐诗》还有许多带有"青"字的地名入诗或在诗名、题解中出现，如著名的青城山、青龙寺，出现的次数也较多。总之，图 1 的柱状图以更加直观的形式反映出"青"字词语在《全唐诗》中的使用情况。

进入宋代以后，"青"字词语在诗词中的使用仍然很频繁，但用词却悄然发生了变化。

四　两宋："青楼"翻一番，"青衫"达六倍

《全宋词》共收录宋代词作 19 900 余首，录入词人 1330 余人。在《全宋词》中，"青"字出现了 3009 次。其中，"青山"一词

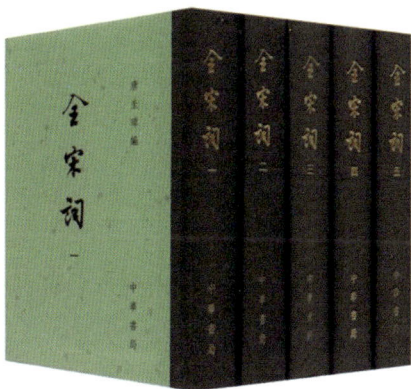

中华书局版《全宋词》

的出现频次仍是最高的，达到 299 次，而"青春"和"丹青"并列第二，均为 124 次。不过，《全宋词》中的"青"字词语排名与《全唐诗》的排名出现了一点儿差异，那就是"青云"一词在宋代不再被重视，排名直接掉到了第五位。

在《全宋词》中，第四名则是"青楼"一词，出现了 111 次。"青楼"一词在《全宋词》中所有词作中出现的比例约为 0.557%，而《全唐诗》中"青楼"出现了 148 次，出现的比例约为 0.297%。宋人似乎更加喜欢用"青楼"这个词，在诗歌中使用的频次几乎是唐人的两倍。由此可见，宋人也许是对发生在青楼的爱情格外重视，也或许是因为青楼越来越多地出现在宋人的生活中，抑或是因为青楼成了宋词传播的重要场所。

在《全宋词》中，"青衫"出现了 62 次，相当于《全宋词》所有收录词作的 0.3%。但是，《全唐诗》中"青衫"只出现了 28 次，按收录总数来看仅占 0.05%。也就是说，"青衫"被宋人写入词作的机会是唐人写入诗作中的 6 倍。由此可见，宋人比唐人更青睐以"青衫"自称或代指其同僚。

"青衫"原指"青衿"，出自《诗经·郑风·子衿》的"青青子衿"一句。《毛传》注解为："青衿，青领也，学子之所服。"由于宋代的文官制度、科举制度进一步成熟，"青衫"亦代指书生。可见，宋代文人以"青衫"称书生或自称的意愿远远高于唐人。

此外，《全宋词》中"青门"的使用次数是 53 次，"青鸟"出现了 37 次，"青葱"出现了 10 次，"青帝"出现了 9 次，"青牛"出现了 8 次，"青阳"出现了 8 次，"青龙"只出现了 5 次（见图 2）。值得注意的是，带有道教及神话意象的"青牛""青龙"不多。

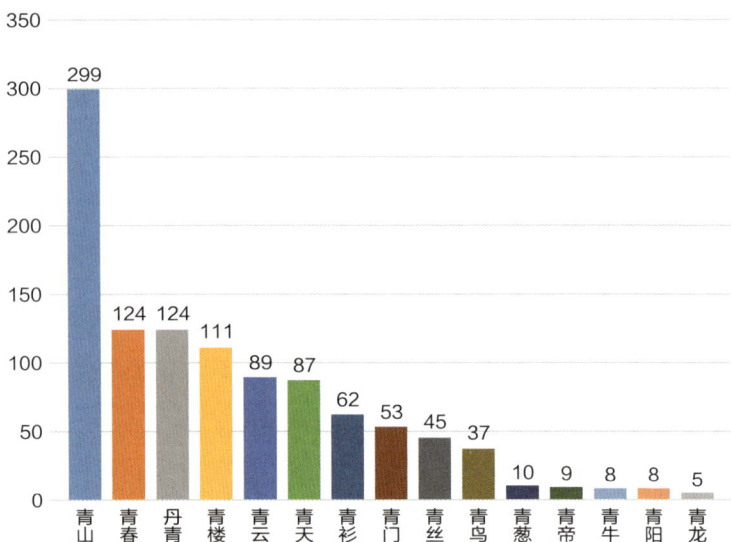

图 2 《全宋词》当中"青"字词语的使用情况

五 元朝:"青山"意象冠绝全元,道教源词黯然退场

元代立朝不足百年,但其留下来的诗词曲作品却极为丰富,探究此中原因则令人感慨万千。为了研究元代诗人使用"青"字词语的情况,我们以《全元诗》和《全元散曲》为例进行数据分析,可以看到常用的"青"字词语在元代人的作品里受重视的程度。

《全元诗》于 2013 年由中华书局首次出版,杨镰先生主编。《全元诗》是一部对我国元代诗歌作品收集整理最全的总集,共收录近 5000 位元代诗人流传至今的 13 万多首诗作,共计 2208 万字,皇皇巨制 68 册。

《全元散曲》共收集小令 3853 首,收录自金代元好问到元末明初的谷子敬等 200 多位散曲作家以及当时的无名氏散曲作品,比较全面地反映了元朝新的文体体裁——散曲的创作情况。

通过对《全元诗》和《全元散曲》的检索,可以发现"青山"意象高频出现并冠绝全元,而来源于道教的"青"字词语出现的频次则显著减少。

检索《全元诗》,"青山"出现了 3056 次,占所有收录诗作的 2.35%,也就是平均每 100 首诗里有近两首半诗会用到"青山"一词。但是,在《全唐诗》里,"青山"出现的次数是 733 次,占《全唐诗》所有收录诗作的 1.49%,也就是每 100 首诗里有一首半用到"青山"。显然,元代文人比唐宋文人更加喜爱在诗词中使用"青山"意象。

中华书局版《全元诗》

检索《全元散曲》，"青山"出现的次数是 141 次，也就是说每 100 首散曲里大约有三首半用到"青山"（标题、题解、正文有重复计算）。可见，《全元散曲》的这个数据比较具有典型性。

在《全元诗》里，除了"青山"得到了 3056 次使用外，其他常用青色意象的使用情况如下："青云"1087 次、"青天"1072次、"丹青"664 次、"青春"493 次、"青灯"439 次、"青衫"219次、"青丝"213 次、"青牛"116 次、"青楼"104 次、"青衣"83次、"青龙"81 次、"青阳"79 次、"青衿"77 次、"青女"43 次、"青帝"15 次。

按照 13 万首收录作品计算，"青牛"出现的比例是 8‰，"青女"出现的比例是 3‰，"青帝"出现的比例是 1‰。由于作品总数是超过 13 万首的，我们计算时仅按 13 万首的整数计算，因此这几个来自道教及神话的意象实际的出现比例很可能比这个数字还要低。

在《全元散曲》中，除了"青山"出现了 141 次之外，"丹青"出现了 45 次、"青春" 44 次、"青衫" 31 次、"青楼" 29 次、"青天" 23 次、"青丝" 20 次、"青云" 15 次、"青鸟" 9 次，"青龙" 2 次，而"青牛"一词在整个《全元散曲》里面只出现了一次，即出现在张可久《越调·寨儿令中》的"笑我问长生，驾青牛自取丹经"中。"青牛"是来源于道教的词语，在元散曲中却只剩下寥寥一笔，不免引人思考：是否元代文人很不喜欢道教呢？

为了更直观地了解常用"青"字词语在《全元诗》《全元散曲》中出现次数的情况，从柱状图图 3、图 4 可窥见其相关概貌。

我们不禁要问，为什么元代的文人如此属意"青山"而忽视"青牛""青帝"这样的道教或神话来源词语呢？分析其中原因，可能有如下两点：

其一，写诗的人大都寄情于青山绿水。大宋灭亡，汉人失去政权，也失去了尊严，中原汉人首次感受到被少数民族统治的羞辱，这对于受儒家传统教育影响的文人来讲是无法释怀的。他们对当朝怀疑，对前朝失望与怀念，对自己的人生未卜感到迷茫，因而寄情于山水之间。此时，"青山"就成了最忠诚的伙伴、最自由的去处，最能给人以生之希望的释怀之地。

其二，元朝尊佛教为国教，道教典籍几乎被摧毁，道教的地位也一落千丈。在中国的悠久历史上，儒释道三家三足鼎立的局面时有发生，它们各自的势力时有此消彼长，大体上佛教与道教

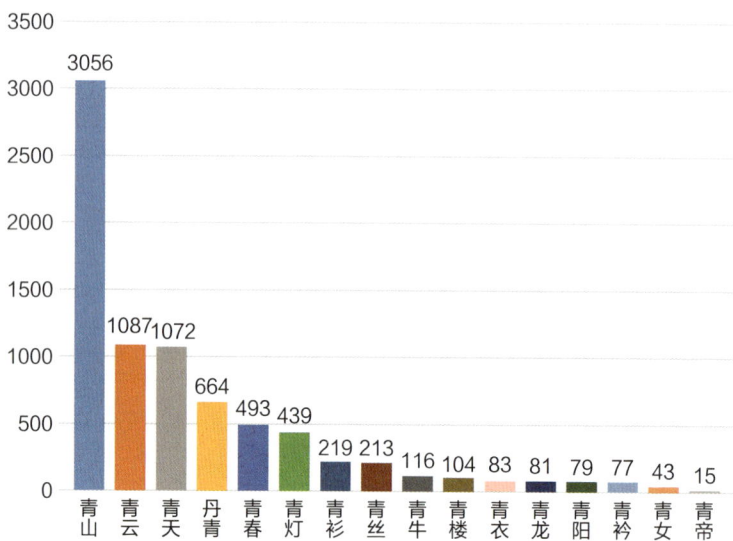

图 3 《全元诗》中"青"字词语的使用情况

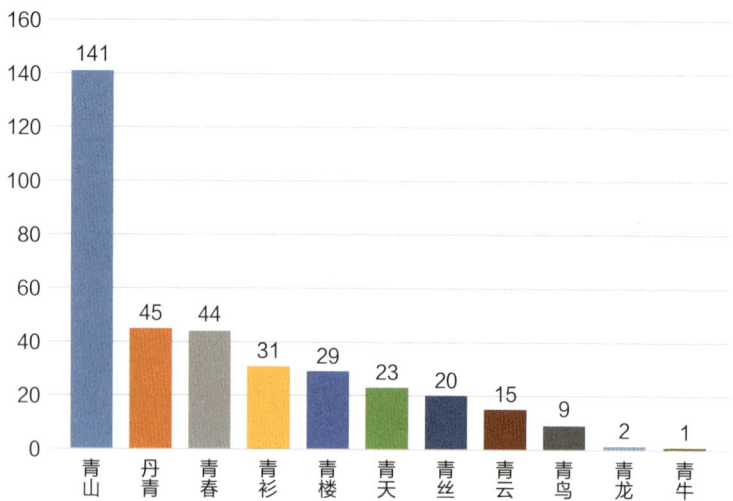

图 4 《全元散曲》中"青"字词语的使用情况

亦能和平共处、各行其道，成了东方文明中的文化奇观。但是，到了元朝，佛教却被尊为国教，而道教的经典藏书则几乎被付之一炬，遭到了毁灭性打击。

这个结果的酿成，与下面这件事不无关系。

当时，元朝的道教全真教主李志常绘制了《老子八十一化图》在朝廷里发放，这就相当于给道教做了本"宣传画册"。但是，这本"宣传画册"画得实在是有点过分，因为画册上讲的是老子去天竺（今印度）传道并化身为佛陀。

在佛教徒看来，这是忍无可忍的事情。如果按照李志常的说法，连佛陀都是道教的神仙变化而成的，那佛家的尊严何在呢？如此僭越，就是井水犯了河水，从而引发了由少林长老牵头的佛、道两教的大辩论。

全国性的佛道大辩论分别在 1255 年、1256 年和 1258 年轰轰烈烈地进行了三次，尤其是最后一次大辩论，双方出动了数百人，僧侣、道人、官家和文人济济一堂，最终裁决者是元朝皇帝蒙哥汗。

最后，蒙哥汗判定这次大辩论以道教失败而告终，并根据事先的约定，参加辩论的道人应削发为僧。所以，在大辩论之后，大量道教典籍遭到损毁，道观受到冲击。因此，在元代文人作品中，很少看到有关道教的诗篇。

以上种种，造成了元朝时期道教文化受到重大冲击，从而使中原文人在"国破家亡"的大背景下更加向往归隐"青山"的闲适。

六 明朝:"青山"多于"明月","青牛""青帝"少人问津

相对于唐宋的高光时刻,明朝的诗歌文学不算璀璨。当然,一代有一代的文学,明朝的小说和戏曲显然更为引人注目。

但是,要考察明代士大夫的心迹,了解他们抒情言志的诗词作品无疑要比只了解当时的小说、戏曲等虚构的故事更为合适。正如章培恒先生在《全明诗》前言中所说,"在明朝的整整一代诗歌里,我们是可以较为具体地看到这一代士大夫的心态的,尽管他们在诗中并不会和盘托出心底的秘密,有时还会弄虚作假,但纵使是谎话、大话,不也是在以某种形式表露心态吗?"

因而,考察明朝一代文学,离不开对诗歌的考察。当下对有明一代诗歌总集的整理工作还不够,尚未有像《全唐诗》《全宋词》《全元诗》之类的《全明诗》整体面世。1986年,全国高校古籍

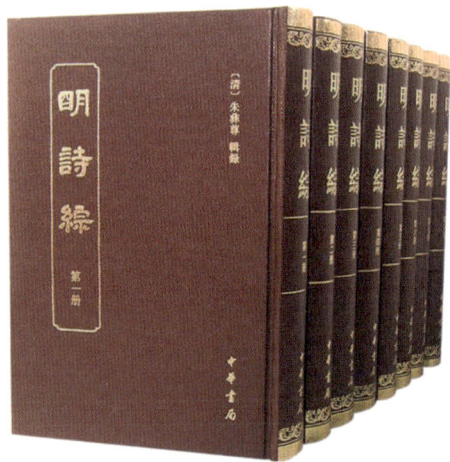

中华书局版《明诗综》

整理委员会立项并委托复旦大学古籍所整理《全明诗》，到1994年只出版了三册。鉴于无《全明诗》可查，只有对其中最具代表性的《明诗综》进行分析了。

《明诗综》共100卷，由朱彝尊主导辑录编校，收录了明初洪武年间至明末崇祯年间的诗人以及明亡后遗民及殉节大臣共3306人的10 172首作品[1]。《明诗综》的特点是为作家作了小传，简单介绍生平始末，评价较为公允。朱彝尊不拘一格搜罗各派诗歌，还不忘收录大量明末殉节的大臣及遗民之作，并专门收录了妓女诗词、市井歌谣，这对研究明朝的诗歌风貌有着重要的史料价值。

在明朝的诗歌总集中，其实还有一部钱谦益主编的《列朝诗集》。这部书是仿金代元好问的《中州集》而作，旨在以诗存史。但是，后世评价其缺点是收录诗人诗作较少，且在谈及各位诗家时不免有门户之见，有失偏颇。例如，《四库全书总目》的馆臣们评价《明诗综》的时候，批判钱谦益的《列朝诗集》"以记丑言伪之才，济以党同伐异之见，逞其恩怨，颠倒是非，黑白混淆，无复公论"，极言钱谦益才学人品皆不足。当然，这个评论显然是受到清朝的政治舆论对钱谦益的评价影响，不免有些刻薄。不过，四库馆臣却笔锋一转评价《明诗综》道："彝尊因众情之弗协，乃编纂此书，以纠其谬。每人皆略叙始末，不横牵他事，巧肆讥弹。"

这里，仅就"中华经典古籍库"中的《明诗综》100卷进行检索，而明代其他的诗集就不考虑了。经过搜索发现，常用"青"字词语的出现频次如下：

---

[1] 李程：《朱彝尊〈明诗综〉研究》，华中师范大学博士学位论文，2014年。

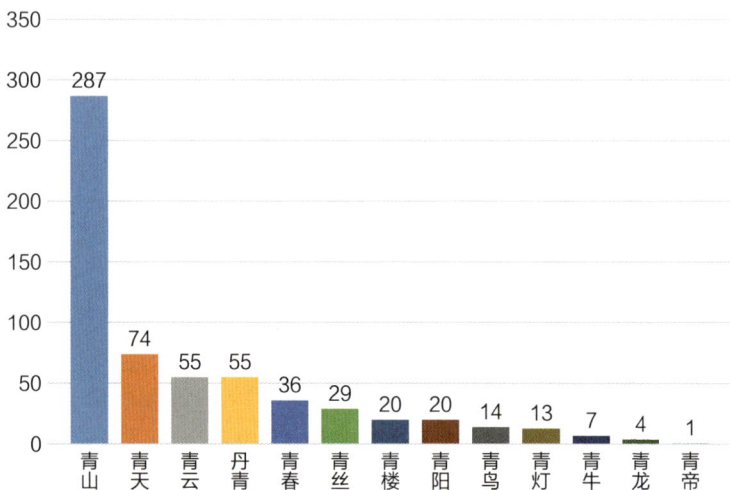

图 5 《明诗综》中"青"字词语的使用情况

其中,"青山"287 次、"青天"74 次、"青云"55 次、"丹青"55 次、"青春"36 次、"青丝"29 次、"青楼"20 次、"青阳"20 次、"青鸟"14 次、"青灯"13 次、"青牛"7 次、"青龙"4 次。"青帝"一词在整部《明诗综》里只在一首写泰山的诗里出现了一次,直接用在"上探青帝宫"(张纲孙《泰安州》)里面。

前文提到《全元诗》"青山"出现了 3056 次,占所有收录诗作的 2.35%,《全唐诗》里"青山"出现的次数是 733 次,占《全唐诗》所有收录诗作的 1.49%,而到了《明诗综》里"青山"一词的使用比例已经接近 3%,也就是说在明代诗人的作品里每 100 首诗里就有三首诗用到"青山",比例是相当高的。

七 四朝诗歌总集中"青"的使用情况

经检索《全唐诗》《全宋词》《全元诗》《明诗综》总计约

20.9 万首诗词作品发现，"白云""青山""明月""东风"的意象是出现次数最多的，前三者都超过了 4000 次，而"青山"和"白云"又是其中最受欢迎的，两个词语加起来达 9763 次。

从统计中（见表 1）可以直观地看出这些数字的差异，也由此可见"青山"一词在长达一千年的历史长河里是最为中国文人所钟爱的意象之一。如果再加上上面统计的其他常见的"青"字词语如"青春""青天""青云""青丝"等，总计常用的带有"青"字的能够成为常见意象的词语在 20.9 万首诗词里共出现了 11 969 次，足见中国古代文人对"青"的喜爱之情。

表 1　四部诗歌总集里常见意象出现次数

	白云	青山	明月	东风	白日	西楼	西窗
《全唐诗》	1262	733	985	449	733	110	24
《全宋词》	130	299	662	1401	36	153	92
《全元诗》	3693	3056	2674	2169	1773	146	212
《明诗综》	303	287	281	190	195	11	10
合计	5388	4375	4602	4209	2737	420	338

表 2　四部诗歌总集里常见颜色字出现次数

	白	青	黄	红	绿	黑
《全唐诗》	6306	5998	4003	3887	2826	593
《全宋词》	2188	3014	2799	4700	2645	122
《全元诗》	25 049	18 739	13 058	8108	7117	1843
《明诗综》	2525	1594	1319	551	599	170
合计	36 068	29 345	21 179	17 246	13 187	2728

　　检索四部诗歌总集里面的颜色字还可以发现一个情况，那就是"白"和"青"是出现频次最高的两个颜色字（见表2）。当然，这些字在诗中不一定完全是表示颜色，有少部分是表示人名、地名或者其他语义，但总的来讲以表颜色语义的为多。另外，古人写诗也会用"乌"代替"黑"或者"青"，用"金"代替"黄"，用"赤""绛""绯"等代替"红"，但"乌"和"金"的其他语义也占了较大一部分，并非只是表颜色的字。"赤""绛""绯"的用法在诗词中虽有，但与常见颜色词相比，仍属少数。

第六章

青色文化寓意变迁及成因

两千年来，礼制色彩观始终占据着中国色彩文化的主流。

青色，发乎五行，曾处正色之尊，又走向卑微，但在礼制色彩观的作用下始终逃脱不了以"尊卑"来被定义的轨辙。因此，礼制是青色文化寓意产生的根源和基础。

一 礼制下的审美

在中华民族色彩文明的源头上，青色一出场就拥有了至高无上的地位。由于彼时古人的主要生产业态是农耕，对青色的直接联想就是晨昏相接之时，或者时序为春的生机，因此青色天生就带着"五行之正色"的主角光环，以"东方之色""春日万物茂衍之色"开始了它百转千回的文化旅程。

儒家思想成为中国传统文化的主流后，"王道仁政"成为治国理政的核心观念，尊崇儒家思想的历代统治者都把实行王道、推广仁政、重视礼乐教化当作治国之根本责任。[1]

在儒家思想看来，文明也好，文化也好，都是礼乐教化的问题。《乐记》里说"乐以治心""礼以治躬"，礼能够培养和调整一个人的身体，使人变得内和而外顺。如果人人都内和而外顺了，那社会就和谐了。

与此同时，儒家思想还设定了"五伦"的人际伦理，强调尊卑有别，长幼有序。

正因为如此，在中国两千多年礼制的影响下，青色不断地以

---

[1] 楼宇烈：《中国的品格》，四川人民出版社，2015年，第103页。

"青＋"或"青色＋"的方式渗入和融合到中国社会的方方面面，散布在礼制的巨大尘网中，以或"正"或"间"，或"雅"或"俗"，或"神"或"鬼"的文化寓意发挥着它区分尊卑等级的作用。

二　青色的升华

在儒释道和魏晋玄学的共同推动下，青色越发抽象化，进而升华为中国文人风骨的象征。

中国古代文人的一生，其知识结构往往是以儒家思想为核心，以道家思想和佛学思想作为补充。古代文人们既"格物致知，诚意正心"培养自己"齐家治国平天下"的入世情怀和智慧，又渴望发现自我的独立人格，寄情于山水田园，过上从容宁静、洒脱忘我的生活。所以，大多数文人的理想人生状态是进可仕、退可隐，当然最好是"亦仕亦隐"。

因而，儒释道三家都在中国文人的品格里打下了坚实的烙印。可以说，从官场到田园山林，中国文人总能找到精神的寄托，而这种精神寄托也映射到色彩当中。

从前文讲过中国几大哲学思想对青色文化寓意的影响，我们看到青色及部分表示青色的词语所蕴含的儒释道及玄学思想的含义。可以说，如果颜色也可以代表某种精神特质的话，那么青色可能要比其他任何颜色都更能代表中国古代文人的精神世界。

其一，青色温和中正、明度与纯度都适中，其特征与儒家哲学中的"中庸之道"颇有相似之处，可以表现温文尔雅、含蓄内敛的君子之风。

南宋　刘松年　松荫谈道图
此图又名《三教论道图》。自左向右三人分别代表儒释道三教，此图绘三人在松树下坐而论道。

其二，因青色与道家和道教的渊源，可以表现中国文人对"天人合一"的认同，对自然的向往，对遁世归隐、清净从容生活的追求。青色那种模糊变幻的复合之色的神秘感，恰好可以表达这种道家的"玄之又玄，众妙之门"意味。

其三，在魏晋玄学家抛弃儒家思想追求道家学说的推动下，青色被融入了青瓷这种"青、秀、神、俊"的艺术品中，并受到魏晋士人的追捧。青瓷在士人的极致追求下，烧制技术出现飞跃，具有了温润如玉的质地。中国文人引以为真正风流的自由独立的思想、宁静的精神天地、优雅从容的风度、山水怡情的境界，通过观照一枚小小的青瓷杯就可以得到表达。

其四，佛教禅宗是本土化的中国佛教，主张"五蕴皆空"，而青色恰好给人以空灵清透的视觉感受，能够让中国文人体悟到一种参禅悟道、明心见性的智慧。

正因如此，青色成为最能反映中国文人风骨的颜色，并完成了最后的升华。

三　青色应用的世俗化

青色的文化寓意从表面上看是尊卑之变，实际上是从"顺应天时"到"合乎民用"的过程，是世俗化引发了大众审美的心理变化。

◎ **青色染料易得，使青色广泛进入日常生活成为可能**

从经济的角度看，青色染料易得，从而使青色布料和衣物变得更为廉价，而且技术工艺成熟，生产量大，这样青色就有机会

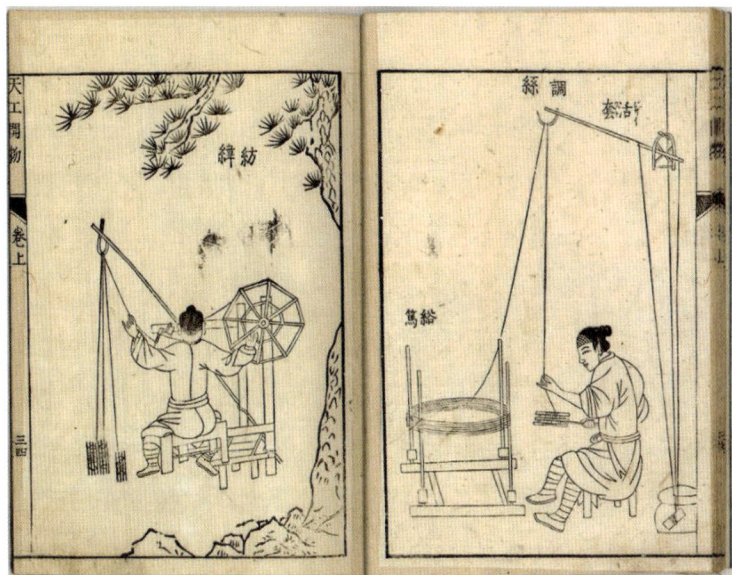

《天工开物》里示意的调丝纺纱

广泛进入普通大众的日常生活。

《天工开物》记载了历史上的青色染料的原材料："凡蓝五种，皆可为淀。茶蓝即菘蓝，插根活；蓼蓝、马蓝、吴蓝等皆撒籽生。近又出蓼蓝小叶者，俗名苋蓝，种更佳。"先秦时期，古人们就已经懂得了使用"蓼蓝"提取青色的染料，到了明代提炼方法就更加纯熟。据《天工开物》记载："凡造淀，叶者茎多者入窖，少者入桶与缸。水浸七日，其汁自来。每水浆一石下石灰五升，搅冲数十下，淀信即结。水性定时，淀沉于底。……其掠出浮沫晒干者曰靛花。凡靛入缸必用稻灰水先和，每日手执竹棍搅动，不可计数，其最佳者曰标缸。"

《天工开物》还提到了不同青色的深浅层次如何提炼。例如，天青色，要"入靛缸浅染，苏木水盖"；葡萄青色，要"入靛缸深染，苏木水深盖"；蛋青色，则是"黄檗水染，然后入靛缸"；而翠蓝、天蓝二色"俱靛水分深浅"；等等。当时，不仅提炼染料的技艺精湛成熟，原材料也十分丰富。明代，含蓝色汁液的植物被大面积推广种植。据《天工开物》记载："近来出产，闽人种山皆茶蓝，其数倍于诸蓝。山中结箬篓，输入舟航。"[1]

与此同时，明朝开国皇帝朱元璋也大力助推了蓝色服装的平民化走向。当时，皇帝亲自负责让朝廷颁布了关于各阶层各行业的服饰总则，把能用的颜色和禁用的颜色都予以列明，秩序森严，贵贱立现。在这次政策推动下，青色衣物就成了僧道平民们普适的穿着。

人类的物质发明常常是追求生活便利和世俗功利的结果。一旦一种物品被发明，能够被大规模复制，产品成本就会下降，价格也就会下降，这种物品也就有可能成为百姓的日用品。当青色的制造方法得到普及，青色的植物原料得到大面积种植，青色布料的价格也就被拉到较低水平，而青色也就更大范围地走向了人类生活的常见品——服装。当几乎每一位百姓都有机会用到青色的布料做衣服时，青色的文化寓意里也就出现了朴素的、普通的、低微的意思。

◎ 心理因素成为影响青色文化寓意的重要因素

为什么使用青色服饰的人群可能会让人联想到社会底层呢？人的心理因素——联想，成为对青色进行文化寓意定位的重要因素。

[1] 宋应星：《天工开物·彰施第七》，上海古籍出版社，2018年，第120—122页。

朱光潜在《"记得绿罗裙，处处怜芳草"——美感与联想》的文章里谈到了相关问题。所谓联想，就是见到或者听到了甲，就能够想到乙，如"一朝被蛇咬，十年怕井绳"就是联想。另外，假如一个人小时候就害怕或者厌恶某人，而这个让他恐惧的人在伤害他的时候经常穿着一件黄色 T 恤，那么这个人即便长大了也不会喜欢黄色。

美国心理学家约翰·华生在 1920 年对婴儿小艾伯特（8—11个月期间）做过一个在伦理上饱受诟病的心理学实验：原本小艾伯特见到小兔子、小白鼠之类毛茸茸的小动物表现得非常欢喜，但是约翰·华生后来每次在小艾伯特要抚摸小白鼠或者小兔子的时候故意在其身后用铁锤敲击铁棒制造出很大的声响，于是小艾伯特被声响吓哭了。这样反复做了多次之后，约翰·华生再把小兔子放到孩子面前，即便不再弄出巨大的声响，小艾伯特还是会被吓得哇哇大哭。到了后来，小艾伯特看见裘皮大衣等一切有毛的衣服，甚至看见圣诞老人的胡子，都会吓得趴在地上痛苦地大哭。

由此，约翰·华生开创了行为心理学，成为在弗洛伊德之后的重要心理学学派代表人物，同时他也是继巴甫洛夫研究动物条件反射实验之后研究人类条件反射的重要人物。由"毛茸茸"的东西联想到巨大的声响，由声响联想到可怕，继而变成了只要见到"毛茸茸"的东西都会联想到可怕的事情。据此类推，人们对青色即朴素、青色即低微、青色即内敛的联想，也是源于类似这样的心理。

对于看到甲能够唤起对乙的联想，朱光潜认为一般有两种原因：一是甲和乙在性质上具有一定的相似性。例如，看到春光就想到了少年，看到梅兰竹菊就想到君子，因为春光有初始的特性，梅兰竹菊有品质清高的气质。二是甲和乙在经验上曾经接近。例如，看到扇子会想到萤火虫，走到赤壁会想起曹孟德。[1]朱光潜分析，词人牛希济的"记得绿罗裙，处处怜芳草"就是很好的例证。由于词人与曾经穿着绿罗裙的女子有过美好的情感，因而看见"绿罗裙"就想到了那位女子，又因为"芳草"与"绿罗裙"的颜色很像，便又想起了"绿罗裙"，继而又想起了心上人。因此，词人开启了"记忆中穿绿罗裙的女孩"——"绿罗裙"——绿色的"芳草"——"绿罗裙"——"记忆中穿绿罗裙的女孩"的心理历程，爱屋及乌，所以就开始处处"怜"芳草了。

在颜色心理学中，有很多相似的例子。许多人都对颜色有着或多或少的偏好，无论是喜欢白色、红色还是青色，都不能排除联想的作用。

白色与雪有关，给人宁静圣洁之感，所以喜欢白色喜欢的是纯洁；绿色与青草有关，给人以春意盎然之感，所以喜欢绿色喜欢的是生命力的旺盛；红色与火有关，给人以热烈温暖之感，所以喜欢红色是喜欢红色的喜庆奔放。这些颜色本身从物理学上来讲只是波长不同而已，但是人们从心理上赋予了它们各种丰富的意义。

在1947年商务印书馆出版的《色彩学研究》一书当中，作者温肇桐提到了色彩的感觉与象征。其中，关于青色的描述，作者是这样写的："青有沉静、冷酷、镇定等的感情。红色是属于阳

---

[1] 朱光潜：《谈美》，中华书局，2015年，第29页。

性的色彩，而青色便是属于阴色了……高爽的秋空，便生悠远神秘之感；澄碧的湖水，便会感到平静。"可以看出，色彩的感觉，离不开人类联想的功效。

随着时代的不同，青色带给人的联想也不同，因为青色在不同时代会被联想成完全不同的事物。如前文所述，当中国的天子、后妃穿着青色的礼服进行祭祀的时候，青色被联想成高贵。但是，当青色植物颜料易得，百姓和"贫僧""贫道"都在穿青色布衣时，青色就被联想为低微。

在欧洲也是一样，与青色最为接近的蓝色同样经历了一个被联想、被定义的过程。古罗马时期，当人们多次看到野蛮的凯尔特士兵全身和脸部涂蓝的时候，蓝色就被联想成了野蛮和落后；当画家让圣母玛利亚首次穿上天蓝色长袍，蓝色被联想成了神圣；当法国皇室的修道院用上了精美的钴蓝玻璃，贵族们纷纷在自己家族的徽章中引入蓝色的时候，蓝色又被联想成了高贵；当洛可可时期的画家弗朗索瓦·布歇（Francois Boucher，1703—1770）给蓬皮杜夫人画像使用珍贵的青色颜料的时候，这种青色又一跃而成了奢侈华贵的象征。

综上所述，人的心理因素成为对青色进行文化寓意定位的重要因素。青色的意象将随心而动，随时而变。即便如"青春""青阳""青云""青山""青松"这样的词语，虽然大都代表着蓬勃的生命景象，也蕴含着人生追求的境界、人的高贵品格等寓意，但是当这些景物受到诗人本身的心情影响而与周围环境相结合的时候，表现出来的"景语"也会发生变化。

这种现象在诗词中常有体现。例如，被苏轼评价为"诗中有

南宋　龙泉窑　梅子青三足炉　上海博物馆藏

北宋　汝窑　青瓷莲花式温碗　台北故宫博物院藏

画，画中有诗"的唐朝"诗佛"王维，就常在诗中使用青色的山川树木来渲染清冷寂静的气氛。王维在《过香积寺》里有"泉声咽危石，日色冷青松"，在《酬杨比部员外暮宿琴台朝跻书阁率尔见赠之作》（一作卢照邻诗）里有"空谷归人少，青山背日寒"，但这些诗句里青色的松树与山林并无半点昂扬的生命力，反而因为与"寒""冷""咽""背"这样的词语和"危石""空谷"这样的景物相结合而变得更加清冷孤寂。

正所谓，"一切景语皆情语"（王国维语）。王维经历过安史之乱并曾受伪职，后来被唐肃宗召回继续任职，内心十分纠结，同时他本人又经历过丧子之痛，人生几次重大打击使他虽然最后高居右丞之位，但亦能勘破诸相，参禅悟道，学信老庄。所以，王维晚年的诗大多空旷幽远、自然脱俗，颇有禅意。

还有些诗句也常用青色来营造这种清远孤寂的效果，如王昌龄的"青山隐隐孤舟微"（《送万大归长沙》）、李白的"孤帆远影碧空尽"（《送孟浩然之广陵》）。虽然有青山和碧空这样开阔的景象，但小舟和孤帆在青山和碧空下仿佛就要被吞没，几种具体的意象共同营造出了一个萧索的意境，透露着前路茫茫、人生不知何似的无奈。

所以，当我们谈起青色，既要结合某一种具体事物的颜色，也要结合观赏者或者使用者个体的人生经验和心理认知。

◎ **青色的广泛应用**

从社会生活看，青色的应用场景已经遍地开花，并进入了众多的艺术领域和生产生活领域。在中国的艺术史和普罗大众的日

明　永乐　青花人物扁壶　故宫博物院藏

清　青花御窑厂图桌面　首都博物馆藏

常生活中，青色都占据了十分重要的位置。中国古代绘画中的青绿山水、中国代表性瓷器青瓷和青花瓷、大众化的纺织品蓝印花布，都成了青色的应用场景。

首先，在绘画上，有赫赫有名的青绿山水派。这是山水画的一种，用矿物质石青、石绿作为主色的山水画。青绿山水派内部还有大青绿山水、小青绿山水之分，其中大青绿山水的绘画特色是多勾廓，少皴笔，整个画面着色非常浓重，装饰性比较强，而小青绿山水是在水墨淡彩的基础上再行薄罩青绿。从画史上说，唐朝的"大小李将军"李思训、李昭道父子是青绿山水派的创始人。青绿山水派的画作整体上有一种明艳辉煌的感觉，其中北宋王希孟的绢本设色画《千里江山图》就是青绿山水派的代表画作。青绿山水派独特的赋彩方法，给人以雍容庄重、华丽明艳的感觉。

其次，青瓷是中国陶瓷制品的巅峰之作。由于玄学家的追捧和推动，青瓷兴盛于魏晋时期。早在商周时期，原始青瓷就出现了，后历经春秋战国时期的发展，到了东汉则有了重大突破。三国魏晋南北朝后，南方和北方所烧青瓷开始各具特色，如唐代的越窑及宋代的龙泉窑、官窑、汝窑、耀州窑都是出产青瓷的窑系。

青瓷一名最早出现于《百宝总珍集》。"青如玉，明如镜，声如磬"的南方青瓷是瓷中之宝，也是非常名贵的艺术品。青瓷，以瓷质细腻、线条明快流畅、造型端庄浑朴、色泽纯洁著称于世。南方青瓷，一般胎质非常坚硬细腻，釉色也晶莹纯净，人们常用如冰似玉来形容这些青瓷器物。千峰翠色、翠青、粉青、艾色、天青、缥瓷等瓷，都是指南方青瓷。

青瓷流行于魏晋南北朝时期，因其温润如玉而一直是古代文人最为推崇的瓷器之一。关于青瓷，上文已经有详细论述，此处不再赘述。到了元代至清朝时期，青色又以另外一种表现形式成了陶瓷制造业的主角，那就是青花瓷。

青花瓷的青色完全是另一种美。青花瓷又称"白地青花瓷"，简称"青花"，是一种靛蓝色的釉下彩瓷。青花瓷用钴料为底，烧成后会呈蓝色，这与法国教堂制作的彩色玻璃使用的应当是同一种金属元素，而这种钴矿具有着色力强、发色鲜艳、烧成率高、呈色稳定的特点。

原始青花瓷于唐宋其实已见端倪，但是那时工艺还不成熟，且文人士大夫都在追捧青瓷，所以当时这种青花瓷器没有给人留下什么印象。直到明代，青花才成为瓷器中的主流产品，顶峰时期则是在清朝的"康熙盛世"。在明清时期，匠人们创造了很多花色的青花瓷器，如豆青釉青花、青花五彩以及哥釉青花等衍生品种。

中国的青色印染技术十分久远，当普通的青色衣物无法满足人们的审美需求时，以蓝底白花的方式印染出来的布料成为女性喜爱的衣物布料之一。

当青色与普罗大众的日常生活关系越来越密切，当青色从最早的正色之尊、阳春白雪演变成为随处可见的生活用色，这是一个长期的青色文化寓意的演进变化过程。

◎ 青色特性永续

青色的物理特性、中国人的生理反应与文化惯性，或许将让"青"永远以冷静、内敛的寓意存在于生活中。人的视觉反应和心理联想都告诉我们，青色不仅是光谱中的冷色系，它给人的实际感觉也是冷。现代色彩学理论认为，颜色也和温度一样是有冷暖区别的。青色或蓝色，使人联想到水、蓝天、树荫，有寒冷或者凉快的感觉。同时，科学上的实验也证明了青色带给人的生理反应也是冷静内敛的。

青色在光波中属于短波，在人的视网膜上呈现的位置最浅，对眼部神经没有压迫感。相反，暖色容易产生耀光，容易刺眼，让人眼无法久视。[1]科学家们曾经通过实验证明，人们的眼睛在接触到不同色彩时引起的生理反应是不同的，其中组成青色的复合色是蓝色、绿色。蓝绿色也经历过这样的测试。

弗艾雷是一名法国心理学家，他通过实验发现在彩色灯的照射下，人的肌肉弹力会有所增加，血液循环的速度也会加快。但是，有趣的是，在测试的这些色彩当中，人的肌肉对蓝色光的照射反应最小，其次是绿色、黄色、橙色、红色。

在临床试验中，医生们又发现当人处于青绿环境当中的时候，最容易缓解精神紧张，放松肌肉，缓解视觉疲劳：在蓝绿的环境中，人的皮肤温度也会降低2℃左右。心跳每分钟能够减少4~8次，呼吸变缓。[2]由此我们可以发现，古代文人喜欢青色给人带来的宁静的感觉，当代年轻人在现代居室也喜欢设计成"法国蓝"，确实是有其科学依据的。

日本的色彩专家淹本孝雄对不同种族的生理特性对色彩的反

---

[1] 朱静娟：《唐诗中的那一抹青色》，暨南大学硕士学位论文，2013年。

[2] 李荣启、唐骅：《生活中的色彩美》，湖南大学出版社，1991年，第202页。

应也做过研究，研究结果表明不同颜色的瞳孔对色彩的分辨是不一样的。黄种人的瞳孔是黑色的，黑色瞳孔调节光线的能力可能更为理想。白种人的瞳孔是灰色、褐色的或者是蓝色、绿色的，调节光线的能力要弱于黑色瞳孔。当他们观察世界的颜色时，白种人的视觉世界中物体的颜色会多一层绿色或者灰色的色彩，因此拥有这样瞳孔的白种人很难像具有黑色瞳孔的黄种人那样去辨别复杂的青色。[1]这可能也是"青色"一词在欧洲的语言系统里几乎无法找到确切的对应词的原因之一。

青色具有收缩的特性，还具有后退感，因此也让人产生内敛的感觉。在色彩学中，有分析颜色的前进或后退的动感。研究表明，人们看波长长的红色物体时，往往感觉看到的物体要比实际离得近，而观察波长短的青色时，会感觉物体比实际的距离远。这样，青色就给人以后退、悠远的感觉。[2]

同时，如前文所述，中国人对青色的认知绵延千载，这种文化惯性也是很难消逝的。正因如此，青色或许将永远以"冷静""内敛"的寓意存在于中国人的生活之中。

◎ 个性化选择

当青色的色度划分越来越细，应用场景越发丰富的时候，青色会在日常生活中逐渐失去特有的文化符号意义，从而变为个性化的选择。

---

[1] [日]淹本孝雄、藤沢英昭：《色彩心理学》，成同社译，区和坚校，科学技术文献出版社，1989年，第84页。

[2] 朱静媚：《唐诗中的那一抹青色》，暨南大学硕士学位论文，2013年。

在当下社会，由于计算机的精准合成技术，使得能被人类创造出来的不同深浅蓝绿复合的"青色"在理论上可以是无穷无尽的，即便是肉眼可以区分的"青色"也可以达到百种之多。因此，人们很难说清楚某种具有细微差别的青色是否具有不同的文化寓意。

青色的应用场景也越来越丰富了。在家居设计中，墙壁的颜色、沙发的颜色、窗帘的颜色都可能是深深浅浅的青色；在女性的服饰搭配中，人们已经不再考虑是否一身"青衣"可能带有身份低微的含义；在珠宝配饰中，原本被少数民族喜欢的青金石和孔雀石已然成为各族女性喜爱的饰品，完全超越了宗教信仰与民族差异。

另外，现代社会广泛而深入的中外文化交流，已经让人感受到了不同民族对不同颜色的文化记忆。我们经常看到关于"中国青""中国尚青"之类的文章，能够感受到青色有一种要被当成中国国色去认识的倾向，这种努力对于标记中华文明的独特性当然是具有积极意义的。

与"中国红"一样，中国悠久的文明史的确赋予了青色以细腻丰厚的文化寓意，然而在突出中国青色的文化寓意的同时也要深入了解青色在其他国家的文化寓意，只有这样才能在国际化的设计交流中使用好青色的色彩语言并促进文化交流。当然，这也是走向国际舞台的设计工作者在运用色彩时需要准备的重要功课。

当法国蓝、普鲁士蓝、佛青、天青、蟹壳青、梅子青、埃及蓝在我们的衣食住行、居家生活里各放异彩、交相辉映的时候，我们知道，青色在很多场合都已经成为个性的选择，关于它的复杂而多元的释义与应用的时代正在开启。

然而，我们同样不能忘记的是，个性就是个体的选择，常常也是非主流的，也是无原则的。所以，个性化的选择，并不意味着在所有的美术设计中都可以凭借喜好或者哗众取宠的动机来任意配色。

在代表国家与民族之间沟通的外交场合，在表现时代特色或者某个历史时期特色，在重要赛事、会议及公共场所做视觉设计的时候，所有使用的颜色都应具有相应的文化依据，而不仅仅是根据个人的配色喜好。

颜色也是语言，在没有文字辅助的情况下，颜色本身所表达的思想情志甚至可以代替语言文字。青色在中国历史中所具有的文化寓意及其无法改变的物理特性将始终提醒广大美术工作者：在设计大众文化产品时，在表现特定历史时期风物时，在表现不同宗教思想和大众情绪时，在国家形象与城市形象设计时，在与文字紧密相关的图书封面设计中，能够深入了解青色这两千年来的文化寓意发展与变化脉络，无疑将使艺术工作者的设计理念和设计水平再上一个台阶。

从某种意义上说，从艺术工作者到艺术大师，也许差距就在于其对色彩的文化寓意是否能够深刻理解。

第七章

时空的反差：欧洲蓝与中国青

目前，没有发现国外专家出版专门研究"中国色彩学"，尤其是"中国青色""中国蓝色"的专著，但是论述色彩的文章以及关于不同国家、地区或民族的色彩发展史和社会文化寓意的综合性著作却有不少。由于很难找到一个与青色完美匹配的英文或者法文单词，中国青色在欧洲的色彩研究著作当中可以对标的是蓝色（blue）。

英国人维多利亚·芬利撰写的《颜色的故事：调色板上的自然史》，是作者遍访世界各地拿到第一手材料进行研究分析之后写成的一部关于色彩学的著作，并在 2008 年被生活·读书·新知三联书店引进版权。2016 年，三联书店还引进出版了《色彩列传：蓝色》，这是一系列色彩文化著作的一本，作者是法国历史学家米歇尔·帕斯图罗。米歇尔·帕斯图罗在法国高等研究应用学院任职，是专门研究色彩、图画、纹章等历史的研究员，担任西方符号历史学教授。在这本《色彩列传：蓝色》中，米歇尔·帕斯图罗对蓝色的研究是以写史的方式按照时间顺序来写作的。

同样，引进版权的还有英国的加文·埃文斯（Gavin Evans）编写的《颜色的故事：从颜色追溯人类文化发展史》，捷克的柯薇塔·巴克维斯卡（Kveta Pacovska）编写的《颜色的故事》。其实，这两本书的原语种的书名均非如此，但中国的出版人似乎都很喜欢选用《颜色的故事》作为中文书名，这或许与贡布里希（E. H. Gombrich）的《艺术的故事》（*The Story of Art*）在中国比较有名有关。

欧美最近几年出版的颜色类著作中，还有卡西亚·圣克莱尔（Kassia St Clair）的《色彩的秘密生活》（*The Secret Lives of*

Colour），以及由耶鲁大学出版社出版的戴维·斯科特·卡斯顿（David Scott Kastan）和史蒂芬·法辛（Stephen Farthing）共同编写的《论色彩》（On Color）。（注：在本书写作时，以上两本图书尚未有中文译本，本书所引用的材料都是直接参考英文原版，书中关于颜色的中文译名与国内现有译本相比有所差异。）这两本书都是探求颜色的文化寓意与历史地位变迁的，其中的研究方法对我们研究中国的青色发展史起到了重要的启发作用。

Cyan 是中国学者有时用来翻译"青"的英文单词。但实际上，这个词语在英语世界里是很不常见的，只有在印刷行业才会使用的行业术语，指的是一种调配好的蓝绿混合色。但是，在英语世界的日常生活中几乎见不到 Cyan 这个词。因此，我们在参考国外研究著作时是无法对应着找到青色的，具有对照价值的是与青相关的蓝色的研究。"青出于蓝而胜于蓝"，无论是原料来源还是实际颜色的波长，青色与欧洲的蓝色都是最为接近的颜色，而蓝色在欧美得到了较为系统且细致的研究。

其实，人类社会的发展具有相通性，为了更好地理解青色在中国的文化寓意变迁情况，可以通过这些国外学者的研究来大致了解一下蓝色在欧洲的地位变迁和文化寓意。同时，欧洲学者对蓝色文化寓意的研究成果，我们可以将其与中国青色的研究成果做一对比。

一　青色作为颜色词在东西方的发源

殷墟考古发现，中国在商朝后期可能就已经有了最早的青绿色颜料。如果确实如此，那么青色作为绘画的颜料，距今应有三千三百多年的历史。

正如前文所述，在中国河南殷墟出土的甲骨文中，罗振玉、王国维等大师们考证了可以分辨出来的颜色词有"赤"（红色）、"骍"（橙色）、"白"（白色）、"黄"（黄色）、"幽"（黑红色、黑色）、"玄"（黑红色、黑色）、"戠"（土黄色、褐色）、"勿"（其他杂色）等颜色，其中并没有表示青绿色的词语。根据目前的考证发现，在西周时期，表达颜色的词语里面又分离出了"青"字作为青绿色的颜色词语，表明"青"字颜色词的出现距今已有三千年的历史。

作为染色剂来说，青色在中国也出现得非常早。周代以前，人们就用植物的汁液直接把布料染成靛蓝色，到了春秋时期靛蓝的提炼技术就已经成熟。同时，中国使用靛蓝染色的历史比欧洲早了近千年。

关于靛蓝染色的历史，北魏贾思勰的《齐民要术》对靛蓝提炼有详细记载，明代宋应星的《天工开物》更是全面总结了前人提取靛蓝的方法。由于中国大地上广泛生长有菘蓝、蓼蓝这样的植物，获取靛蓝色的染色剂十分简便，所以青色很早就应用在中国的织物当中了。从周代起，王室与百姓的服装就再现了青色系。直到民国时期甚至新中国成立之后三十年左右，蓝布衫仍是中国百姓最为熟悉的服装颜色，青蓝布料在中国持续使用了将近三千年。

那么，在欧洲是什么情况呢？

在最初的颜色命名上，欧洲其实与中国十分相似。正如第一章所谈及的，据考古学家和文字学家的考证，中国第一次颜色分割是在"白"与"勿"之间，"白"表示所有亮色、浅色，而"勿"则表示其余的深颜色和各种杂色。随后，"勿"的颜色范畴开始分离出其他颜色，首先分出来的是"黑"，表示颜色中的另外一种极限的暗色；接着分离出了"赤"和"黄"，其中多数颜色是与祭牛的毛色有关。

人类对色彩的认知过程是一致的。欧洲的先祖们对颜色的划分也是依赖亮度和浓度，所以在欧洲最初表示颜色的词语中只有白、红、黑三种颜色。这与中国最初的"白""勿""黑""赤"颇为相似。至今，英语当中白色的反义词还可以是红色或者黑色。在古代欧洲，白色是未经染色的织物，红色是已经染色的织物，黑色是没有染色但是已经很脏的织物。在很长一段历史时期，欧洲也是没有蓝色或绿色的词语的。

欧洲在公元前4000年出现了最早的染色织物，有意思的是所有的织物文物都属于红色系列。[1]直到古罗马时代，欧洲人用来给织物染色的都是茜草。茜草在欧洲分布很广，汁液是红色的，所以当时衣物都呈现了深浅不同的红色系列。当然，早在西周时期，中国古人们也已经知道如何染红色的织物。例如，《诗经·豳风·七月》里说"我朱孔阳，为公子裳"，就是用鲜红的料子为公子做衣裳，《天工开物》里也说染红色织物用的是红花，"染家得法，我朱孔阳"。可以说，在红色染色剂的发明上，中国和欧

---

[1] [法] 米歇尔·帕斯图罗：《色彩列传：蓝色》，陶然译，生活·读书·新知三联书店，2016年。

洲不分伯仲。但是，在蓝色（青色）的染料提炼上，中国却深得上天的眷顾，植物种植广袤，提炼技术也显然遥遥领先。

很长时间以来，蓝色都没有占据欧洲的服饰市场，主要原因是蓝色染料的来源是菘蓝。菘蓝在欧洲一开始是野生的，产量很小，提取过程漫长，因此是十分昂贵的染料。后来，欧洲开始大面积种植菘蓝，蓝色染料可以量产了，于是茜草就退出了。

直到 17 世纪，来自亚洲的靛蓝由于其染色质量好而大举占领了欧洲原本的菘蓝市场，从而导致法国原来几个大的做菘蓝生意的商人几乎破产。

二　青色分类命名的差异

在第一章里，我们已经了解到中国青色是个大家族，所有与蓝、绿相关的颜色都可以与青色的命名相关，而这些命名来自山河湖泊、草木鸟兽、玉石瓷器、绘画织染、宗教艺术等各个方面，且这些命名绝大多数来自中国人的关联想象。但是，我们极少看到中国的青色系中有以人名、地名为依据命名的，而这种颜色的命名方式与欧洲的颜色命名方式大相径庭。

欧洲对青绿色的命名有很多来自人名。例如，有来自知名画家调色板的，如莫奈蓝、马蒂斯蓝、维米尔蓝、牟利罗蓝、毕加索蓝等，其中除了毕加索蓝在当代会被认为属于蓝色外，其他的蓝都属于"青色"范畴。还有来自宗教政治名人的，如拿破仑蓝、玛丽·路易莎蓝。

另外，欧洲的青绿色命名还有很多来自地名的。例如，俄罗斯蓝、西班牙蓝、中国蓝、代尔夫特蓝、哥本哈根蓝等。

在欧洲的色彩学研究著作中，卡西亚·圣克莱尔的《色彩的秘密生活》非常系统地记录与分析了这些相关的蓝色系色彩，并进行了详细的分类。这些颜色包括：群青（Ultramarine）、钴蓝（Cobalt）、靛蓝（Indigo，槐蓝属植物）、普鲁士蓝（Prussian blue，人工合成）、埃及蓝（Egyptian blue）、沃德蓝（Woad，菘蓝属植物靛蓝）、铁蓝（Electric blue，电蓝、荧光蓝）、英国蔚蓝（Cerulean，天空蓝）。为了直观地看到这些颜色，特制图谱（见图1—图8）以示区分：

图 1　群青（Ultramarine）

图 2　钴蓝（Cobalt）

图 3　靛蓝（Indigo，槐蓝属植物）

图 4　普鲁士蓝（Prussian blue，人工合成）

图 5 埃及蓝（Egyptian blue）

图 6 沃德蓝（Woad，菘蓝属植物靛蓝）

图 7 铁蓝（Electric blue，电蓝、荧光蓝）

图 8 英国蔚蓝（Cerulean，天空蓝）

　　这些饱和度不一的蓝色，其实在我们看来都可以纳入青色。将上述颜色形成组图，可以更加清晰地看到这几种颜色的细微差别：

图 9　欧洲不同蓝色的对比

三　青色文化寓意的差异

从色彩的波段上来讲，欧洲的蓝色与我国所说的青色是关系最为密切的颜色，而且多位欧洲的历史学家、色彩学家都研究过蓝色的发展过程。其中，卡西亚·圣克莱尔的《色彩的秘密生活》也概述了蓝色文化寓意在欧洲的历史演进过程。

卡西亚·圣克莱尔认为，蓝色在欧洲的古代发展历程中，有过很长一段时间被低估、被嫌弃的历史。整体来讲，蓝色的地位在欧洲是一个从低微走向尊贵的过程。

在旧石器时代和新石器时代，红色、黑色和棕色拥有至高无上的地位；在古希腊和古罗马地区，崇尚黑、白、红三色。对古罗马人来讲，蓝青色总是与野蛮的事物相关，当时的作家曾经提到凯尔特士兵把自己的身体涂成蓝色，女人们参加狂欢之前也把身体涂成蓝色。

在古罗马，穿蓝色的衣服是非常古怪的，往往意味着悲哀和不幸（但是在非洲如埃及，蓝色却是非常普遍的颜色）；而在早期的基督教文献当中，蓝色似乎长期缺位，没有什么记载。人们对蓝色的鄙视甚至导致了对一个人眼睛颜色的歧视，一双蓝色的眼睛在当时不但没有魅力，而且意味着野蛮、娘娘腔或者是荒唐可笑。

据对 13 世纪以前基督教作家使用颜色词的调查显示，蓝色的使用比例是最低的，仅占所有颜色的 1%。在 13 世纪以前的文学作品中，色彩词的使用有明显的差异：白色占 32%，红色占 28%，黑色占 14%，金色占 10%，紫色占 6%，绿色占 5%，而蓝色根本排不上号。[1]

直到 20 世纪，蓝色的命运突然发生了翻天覆地的变化，而变化的主要原因来自宗教和贵族。

修道院院长苏格是法国宫廷中的一位显赫人物，也是早期哥特式建筑的拥护者，他坚信蓝色是十分神圣的。[2] 在 12 世纪 30—40 年代，苏格院长负责监工巴黎圣丹尼斯修道院的重建。就是在这里，手工艺人用钴蓝完善了彩色玻璃的制造技术，创造出了著名的钴蓝玻璃，而且他们又带着这些玻璃去沙特尔和勒芒的大教

---

[1] Pastoureau.Green: The History of Colour,trans. J.Gladding:Princeton University Press, 2014.P39. 又见 [法] 米歇尔·帕斯图罗：《色彩列传：绿色》(*Green, The History of Colour*)，张文敬译，生活·读书·新知三联书店，2016 年)。

[2] Kassia St Clair. The Secret Lives of Colour. 2017. P180. 又见 [英] 卡西亚·圣克莱尔：《色彩的秘密生活》，李迎春译，湖南文艺出版社，2019 年。(以上二注，后者皆为前者中译本)

威尔顿双联画
1395 年，为英王理查二世作。圣母玛利亚的袍子是昂贵的青金石提炼的颜料。

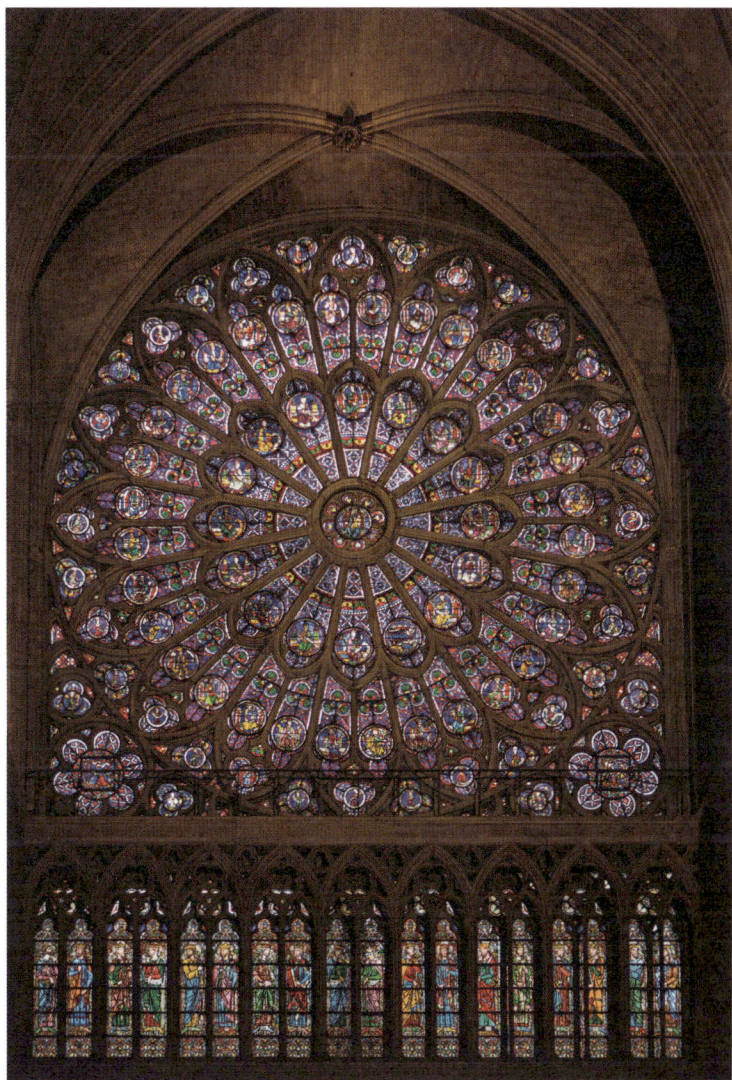

巴黎圣母院的玫瑰花窗（来源　视觉中国）

2019 年 4 月 15 日下午，巴黎圣母院突发大火，顶部塔楼倒塌，玫瑰花窗幸免于难，距今已有八百
多年的历史。

堂。就这样，有蓝色元素的艺术化造型被传播了出去。

在同一时期，圣母玛利亚也经常在绘画作品中被描绘成身穿明蓝色长袍的形象。在此之前，绘画作品中的圣母玛利亚形象经常是穿着暗色的长袍以表达玛利亚对耶稣之死的悲伤。在中世纪，人们对圣母玛利亚越来越虔诚，使得她的地位不断提高，而她所采用的颜色的命运也随之不断提高。从中世纪开始，与圣母玛利亚相关的蓝色颜料就是群青，这个颜色也成了欧洲几个世纪以来最珍贵的颜料，没有之一。[1]

同时，提炼蓝色颜料的来源也越来越丰富。例如，靛蓝来自一种槐蓝属植物。虽然青色是从石头中提炼的，靛蓝色是从植物

法国波旁家族的纹章（来源　视觉中国）

[1]Kassia St Clair. The Secret Lives of Colour. 2017.P180. 又见 [英] 卡西亚·圣克莱尔：《色彩的秘密生活》，李迎春译，湖南文艺出版社，2019 年。

的叶子当中提取的，但是这两种青蓝色的提取方法在当时都十分繁复，所以价值上也几乎平分秋色。

到了 12 世纪末期，法国皇室开始接受一种新的盾牌徽章，徽章的图案是在天蓝色的底色上绘有一朵金色的花——这枚徽章被作为向圣母奉献的贡品。法国贵族们立刻争相效仿，在 1200 年前后，仅有 5% 的欧洲贵族盾徽是包含蓝色的。到了 1250 年，蓝色在徽章中的应用达到了 15%，1300 年达到四分之一，到了 1400 年约三分之一的贵族徽章里都有了蓝色。[1]第一次世界大战之后，蓝色这种曾被认为是落后与野蛮的颜色渐渐以其高贵和神秘的姿态征服了世界。

四　东西方宗教与统治阶级对青蓝色使用的限制

当然，无论是中国、日本还是欧洲，统治阶级都会在某一段历史时期对颜色的使用做出严格规定。其实，限制百姓对色彩的使用无非是两种原因：一是经济原因，染料是否昂贵；二是政治原因，是否会影响阶层的辨识度进而影响统治秩序。

在欧洲，青蓝色的织物因为经济原因很久得不到推广。起先，由于技术水平不高，用菘蓝染色的织物颜色不够鲜艳以致人们不大喜欢，导致产量一直没有大的增长。后来，从印度引进的靛蓝染色效果比菘蓝要好得多，颜色深沉浑厚，并受到人们的喜爱，

---

[1][法] 米歇尔·帕斯图罗：《色彩列传：蓝色》，陶然译，生活·读书·新知三联书店，2016 年，第 60 页。

但同时也让菘蓝的种植者和染料生产商们非常抗拒，从而导致蓝色染料的成本和贸易保护问题日趋严重。

最早在 12 世纪，靛蓝便出现在欧洲，并与菘蓝开始了长达四百多年的市场争夺。在此期间，靛蓝的应用多次遭到生产商尤其是利益相关的贵族的反对，手段无所不用其极。例如，在 17 世纪，法国的王室还在不断颁布法令禁止将靛蓝作为染料，违者处以死刑。[1]

在日本的平安时代，统治阶级也出台法规规定百姓的服饰颜色，分为"禁色"和"许色"。"禁色"就是不许百姓穿的颜色，"许色"是允许百姓穿的颜色。由于红花昂贵，染出鲜艳的红色需要耗费太多的红花，所以执政者明令禁止百姓穿颜色鲜艳的红色衣服。因此，红色就是"禁色"。但是，如果染得很淡，如"用一斤红花染一匹布"，染出来的颜色就是很淡的粉色而不够明艳，只要是比这种粉色更淡的颜色则百姓就可以穿，叫"许色"。那么，在可以穿的颜色里，日本染坊的师傅们就发挥了创造力，让这种粉红色与蓝色相结合进行套染之后接近紫色，这样既符合了"国家规定"，又满足了人们对新鲜色彩的追求。这种被称为"二蓝色"的颜色很受百姓的欢迎。

---

[1] [法] 米歇尔·帕斯图罗：《色彩列传：蓝色》，陶然译，生活·读书·新知三联书店，2016 年，第 142 页。

参 考 书 目

［1］沈从文.中国古代服饰研究［M］.上海：上海书店出版社，2002.

［2］朱光潜.谈美［M］.北京：中华书局，2015.

［3］袁行霈.中国文学概论［M］.北京：高等教育出版社，1990.

［4］尚永亮.唐五代逐臣与贬谪文学研究［M］.武汉：武汉大学出版社，2007.

［5］［英］汪涛.颜色与祭祀：中国古代文化中颜色涵义探幽［M］.郅晓娜，译.上海：上海古籍出版社，2013.

［6］叶嘉莹.叶嘉莹说初盛唐诗［M］.北京：中华书局，2012.

［7］许慎.说文解字［M］.上海：上海古籍出版社，1995.

［8］楼宇烈.中国的品格［M］.成都：四川人民出版社，2015.

［9］李荣启，唐骅.生活中的色彩美［M］.长沙：湖南大学出版社，1991.

［10］孔令宏.从道家到道教［M］.北京：中华书局，2004.

［11］林士民.青瓷与越窑［M］.上海：上海古籍出版社，1999.

［12］罗宗强.玄学与魏晋士人心态［M］.杭州：浙江人民出版社，1991.

［13］释印顺.教制教典与教学［M］.北京：中华书局，2011.

［14］楼宇烈.中国文化的根本精神［M］.北京：中华书局，2016.

［15］张廷玉，等.明史：舆服志三［M］.北京：中华书局，2013.

［16］朱熹.诗集传［M］.北京：中华书局，2012.

［17］郭茂倩.乐府诗集［M］.中华书局，1979.

［18］彭定求，等.全唐诗［M］.北京：中华书局，1960.

［19］唐圭璋.全宋词［M］.北京：中华书局，1965.

［20］刘学锴，余恕诚.李商隐诗歌集解［M］.北京：中华书局，1998.

［21］金开诚.文艺心理学论稿［M］.北京：北京大学出版社，1982.

［22］叶朗.中国美学史大纲［M］.上海：上海人民出版社，2005.

［23］贺麟.文化与人生［M］.北京：商务印书馆，1988.

［24］陈师曾.中国绘画史［M］.北京：中华书局，2014.

［25］宗白华."论《世说新语》和晋人的美"// 宗白华.美学散步［M］.上海：上海人民出版社，1981.

［26］李泽厚，刘纲纪，主编.中国美学史：卷二·上［M］.北京：中国科学出版社，1987.

［27］孙机.中国古代物质文化［M］.北京：中华书局，2014.

［28］钱锺书.七缀集［M］.上海：上海古籍出版社，1994.

［29］钱锺书.谈艺录［M］.北京：中华书局，1984.

［30］陈耀庭.道教礼仪［M］.北京：宗教文化出版社，2003.

［31］曹旭.古诗十九首与乐府诗选评［M］.上海：上海古籍出版社，2019.

［32］李超，姚笛，张金霞.中国古代绘画简史［M］.北京：中华书局，2010.

［33］王明清.挥麈录·后录：卷十一［M］.北京：中华书局，1961.

［34］明太祖实录［M］.北京：中华书局，1961.

［35］周锡保.中国古代服饰史［M］.北京：中央编译出版社，2011.

［36］南京博物院，编.江苏六朝青瓷［M］.北京：文物出版社，1980.

［37］中国硅酸盐学会，主编.中国陶瓷史［M］.北京：文物出版社，1982.

［38］［日］淹本孝雄，藤沢英昭.色彩心理学［M］.成同社，译.区和坚，校.北京：科学技术文献出版社，1989：84.

［39］Pastoureau. Green: The History of Colour, trans［M］. J. Gladding: Princeton University Press, 2014.

［40］Kassia St Clair. The Secret Lives of Colour［M］. 2017.

［41］［法］米歇尔·帕斯图罗.色彩列传：蓝色［M］.陶然，译.北京：生活·读书·新知三联书店，2016.

［42］张康夫.色彩文化学［M］.杭州：浙江大学出版社.2017.

［43］蒿峰.青帮浅论［J］.民俗学研究，1988（3）：28.

［44］曹金娜.清中后期漕运水手行帮组织向青帮演变之社会生态初探［J］.运河学研究，2018（1）：132-144.

［45］曹英杰.两晋汉文佛经中的色彩观念研究［J］.中国艺术研究院博士学位论文，2018.

［46］宋凤娣.青色与中国传统民族心理［J］.山东大学学报（社会科学版），2001（1）：99-103

［47］李程.朱彝尊《明诗综》研究［D］.华中师范大学博士学位论文，2014.

［48］张鹏.泰山与生态文明［J］.山东农业大学学报（社会科学版），

2013（2）: 104-108.

［49］李裴 . 隋、唐、五代道教美学思想研究［D］. 四川大学博士论文，2003.

［50］张振谦 . 北宋文人士大夫穿道服现象论析［J］. 世界宗教研究，2010（4）.

［51］钱志熙 . 谢灵运《辨宗论》和山水诗［J］. 北京大学学报（哲学社会科学版），1989（5）.

［52］李晓蕾 . 魏晋玄学美学思想对青瓷艺术的影响［J］. 社会科学战线，2011（7）.

跋

色彩文化寓意的探索与"以美育人"

我在尝试学习国画时，对色彩运用在中国画史中的变化产生了浓厚的兴趣。南北朝时期的画家、绘画理论家谢赫提出了绘画"六法"，其中设色方法为"随类赋彩"，就是先认识物象，划分种类，然后发挥主观能动，结合心境，因物设色。这是中国画用色的基本原则。但是，这种着色方法被中国古代的文人们改造了，文人画推进了一个"去颜色化"的进程。在很长一段历史时期，人们区分画家品格之高低，画品之雅俗，看色彩的运用程度成为重要因素。

为什么文人画为突出"意境"和"品格"而"去颜色化"呢？为什么石青、石绿与花青的应用差异会给人带来画作品格与境界的不同感受呢？为什么同样是青色，在中国和法国却有着完全不同的寓意呢？色彩现象背后的文化寓意变迁是什么？我很想阅读一些关于中国色彩文化的专著来帮助我回答心中的疑问，但是并没有某一本书能完整地解答这些问题。

于是，我决定从最为复杂、丰富的青色入手，对中国色彩的文化寓意变迁做一点探究。在写作的过程中，我越来越感到青色这种色彩对于中华民族的特殊意义，提出了"青色，是解读中华传统文化的颜色密码"的观点，并深刻感受到把这些研究成果分享给大众可能对促进美育是一件有意义的事情。

2022 年的虎年春晚，舞蹈《只此青绿》引发了全民追捧，旖旎清雅的舞姿演绎着美轮美奂的《千里江山图》，令观众如醉如痴。"青绿"瞬间走进大众视野，引发热议。春晚对高质量节目的传播，就是一个"以美育人"的过程。青色此时走进大众视野，也许正是本书与大众结缘的机遇。

席勒在他的《美育书简》中说，"美育使人成为一个全面、完整的人"。中国人从"兴于诗，立于礼，成于乐"的礼乐文明塑造，到"美人之美，美美与共"的文明互鉴胸怀，其目的都是在以美育人、以文化人。当代中国，做好美育工作，弘扬中华美育精神，提高大众审美和人文素养，将对提升中国文化软实力和实现中华民族文化复兴起到不可忽视的推动作用。在这个"以美育人"的过程中，对色彩文化的研究将成为不可缺少的一方面。重新审视我们历代祖先为色彩所赋予的意义，探究色彩文化的渊源和发展历程，实际上也是对中华民族传统文化自我认知、自我肯定的历程。

我仅希望这本《青色极简史》面世之后也能在"以美育人"

中做一点贡献，望其成为一颗投向湖面的小小石子，如能荡起一些涟漪最好，如不能则聊备吃茶一哂罢了。当然，如果诸位方家能通过这本书产生对色彩文化进行研究的兴致，能为色彩文化学的研究提出真正有见地的高论，那也是本书的一点价值了。

本书初稿完成于 2019 年底，2021 年进行了修订。衷心感谢艺术大家韩美林先生为本书题字，深切感谢蒙曼女史百忙中撰写推荐语，感谢我的硕士导师中国人民大学艺术学院陈浩教授和论文答辩导师王水清教授对本书文字做出的指导，以及诸位前辈和师友的鼓励，令我惶恐，更令我感动。感谢中国出版集团现代出版社的张霆、谢惠两位编辑的认真审校，感谢吴文娟女士、秦淮桑女士为本书查找并提供图片，感谢我的母亲和先生对我写作本书始终给予热情支持，是你们的宽容和鼓励让我最终有勇气完成这本小书。由于精力与才能的限制，尽管本书力求材料准确，但仍有许多疏漏，真诚期待方家指教，以便加以吸收和订正。特留下本人邮箱（onlybaoyan@vip.sina.com），以方便读者与我联系，请不吝赐教。

包 岩

2022 年 2 月于北京